沿線格差

首都圏鉄道路線の知られざる通信簿

首都圏鉄道路線研究会

SB新書
354

はじめに

「格差」という言葉に近年、日本は敏感になってきた。東京への一極集中と地方経済の疲弊といった東京と地方の「格差」、さらに勝者とされる東京23区の中でも「勝ち組」と「負け組」に分けられるという指摘……。

もちろん資本主義社会は、他との差異があることによって成り立っているから、こうした勝ち負けの色分けが気になるというのもある種当然にも思えるが、昨今その格差がより明瞭になり、さらに拡大していく傾向にあるというのは人々の気持ちをどこか殺伐としたものにさせている。

しかし一方で、たとえ格差があっても、それが覆い隠されており、触れることが避けられているという状況もどこかおかしい――。

新宿、渋谷、池袋、品川、上野などの都心ターミナル駅を起点として、郊外に向けてのびていく鉄道路線、主に通勤通学のために使われるこれらの路線にも、実は格差がある。

ただ、23区の所得水準で見た1位港区と最下位足立区の格差と同じように、誰もが路線間にも格付けや序列があることを薄々気づいていながら、これまであまり公には触れてこなかった。

なぜだろうか？

鉄道というのは、それがJRにせよ私鉄にせよ、社会インフラであり、不特定多数の人間が利用するものなので、「路線に貴賤《きせん》なし」ではないが、その優劣を論じることは憚《はばか》られてきた面があるのだろうか。

ただし、人気駅ランキング、住みたい街ランキングといった指標がよく不動産情報とひもづけて発表されるように、人気のあるなしは、鉄道路線にも確かに存在する。また、私たちの普段の会話レベルでも「○○線沿線でおしゃれだよね」「△△線はよく停まるな」「□□駅から通うのはある種ステイタス」といった内容はよく交わされている。

一方で、沿線の総合力、実力というのは、なかなか数値化して表すのが難しい面もある。

例えば、各路線の沿線住民の富裕度なり沿線地価と、その路線の利便性が必ずしも一致するとは限らないし、見栄やステイタスを気にしなければ、どこだって「住めば都」という一面もある。さらに、それぞれの沿線住民にとっての満足や不満も様々だろうから、複眼的に各沿線を見ていく必要がある。

本書では沿線開設の歴史から現在までの発展といった時間軸、相互乗り入れなど接続の便利さや混雑率、さらに駅として栄えているかという駅力など、いくつかの指標を勘案して各路線の実力を大胆に診断することにした。これが、あるようでなかった「沿線格差」と位置付けた理由である。

おそらく本書でしている各路線の分析、格付けについては異論や反論なども生じるかもしれないが、あくまでひとつの見方ではあり、読者の皆様に「いや違う」「確かにその通りだ」というふうに反応して楽しんで読んでもらえるならば幸いである。

首都圏鉄道路線研究会

第1章 首都圏の主要路線の通信簿

contents

第2章　テーマ別沿線ランキング

第3章 沿線イメージのウソと真実

第4章　同一沿線内でも無視できない「駅力格差」

第1章
首都圏の主要路線の通信簿

本当に住みやすい路線はどこか？
路線建設の経緯やデータをもとに
首都圏路線の実態に迫る

首都圏の主要19路線をピックアップ

東京を核とする首都圏には、世界でも類のない数の路線が運行されている。それらの路線は、都心部から郊外に走る路線、都市部のみを走る路線、郊外を中心に走る路線など、さまざまな形態をもつ。

生活の場を地方から首都圏に移す際、また首都圏に育っても就職や進学などで生活の基盤が変わったりした際、引っ越しをしなければならない。その際、どのように住む場所を選ぶか。まずは、その選択の基準の大きなウェイトを占めるのが「路線」だろう。

車社会の地方では鉄道に乗る機会さえ限られるので、沿線を意識して住まいを選ぶ習慣がないが、首都圏では働いていれば、多くの人が平日は毎日電車に乗ることになる。どの路線に住むかが暮らしぶりを変えるといっても過言ではないし、だからこそ、どの沿線に住むかは重要な関心事になる。

第1章では、東京都心部に通う人が利用する19路線をピックアップして解説した。選んだ基準は、JR山手線に接続しているJR路線、私鉄は都心部と郊外を結ぶ乗客数が多い主要路線、といった具合だ。東京メトロ、都営地下鉄は、その鉄道会社の性格上、都心部を走る路線が大半なので、沿線に住宅地が多い路線を選んでいる。

沿線の「勝ち組」と「負け組」を定義づけてみる

通勤・通学の目的地にいかに早く行けるか、賃貸マンションの相場はいくらか、そういったことを勘案して決めるわけだが、もうひとつ、「沿線のイメージ」も選ぶ際のポイントになる。「閑静な住宅街で子育てがしたいから、○○線沿線に住もう」「おしゃれで移動に便利な街で暮らしたいから△△線沿線に住もう」などといったものだ。そのイメージで「勝ち組」「負け組」が区別されることがあるのも事実だが、ここではそうしたイメージにとらわれるのではなく、真の「勝ち組」沿線とはどこなのかを考えてみたい。

それでは、何をして勝ち組とするのか、次のように定義づけてみた。

まず①ブランドタウンが多くて、②接続路線が多く、③遅延も少なく、④混雑していない路線。とはいえ、閑散とした路線では沿線に活気も出ないので、⑤乗客が多く、成長具合も加味して、⑥乗客が増えている路線と定義してみた。加えて、当の鉄道会社にとっては⑦運賃収入の多寡が重要なポイントになるだろう。

と、もう少々、右記の7項目を選んだ理由を話しておこう。

混雑率が低い路線は、それにともなって遅延回数も少なくなる。乗客としてはうれしい話だが、特徴がそれだけであれば、ただ乗客が少ないだけのさみしい路線である。そうした路線を「勝ち組」

としてはおかしなことになるので、1日の1㎞あたりの乗客数を示す「平均通過人員」を加えた。

ブランドタウン保有率は、全体の駅数を沿線地価が1㎡50万円を超える駅の数で割ったもの。この割合の高い駅（街）がたくさんあるということは、それだけ魅力的な都市部を走っている路線ということで、おおよそみんながイメージする「住んでみたい沿線」に近いランキングとなっているのではないだろうか。また、沿線の利便性を語るうえで外せない接続本数も加えている。これが上位の沿線に住んでいれば、1回乗り換えるだけで行動範囲がぐっと広がるわけだ。

運賃収入は、一見乗客とは関係ない話のように思えるが、その路線が儲かっていないと鉄道会社は最新の列車も導入できないし、駅の改装などにも金がかけられない。「電車ライフ」が充実したものになるためにも、その路線には儲かっていてもらわないと困る。また、沿線からどんどん人が減っていっているようでは、商業施設の撤退なども考えられるし、沿線のポテンシャルにかかわる。そこで乗客増加率も加味した。

あくまで第1章で取り上げる19路線での比較（つくばエクスプレスは、2005年に運行を開始した路線で全項目でほかの路線と同様の比較できないのでランキングから外してある）ということで、右記の①〜⑦の順位を合算し、その合計が少ない（各項目で上位となる）順に並べている。

要するにこのランキングは、「混んでいるけど、それに見合うだけのブランドタウンが並ぶ路線」もしくは「ブランドタウンがそれほどあるわけでもないが、そこそこ快適に電車が乗れる」といった、バランスがとれた路線の順に並んでいるということになる。

京急線が「勝ち組」路線1位

「住みたい街（駅）ランキング」などで上位に上がる場所は人気が高く、ゆえにマンションの相場が高い。しかし、高い割に不便だったりすれば、満足度は低くなる。逆に家賃が高くても、それに見合う快適さ、便利さがあれば満足できるだろう。そうした考え方のもとにつくったランキングで1位となったのが、京急本線だ。遅延回数の少なさと混雑率の低さ、乗客増加率で上位だったことが理由である。混雑率が低いものの、ただ空いている路線というわけではなく、平均通過人員は9番目と真ん中くらい。オフピーク通勤している乗客が多いのだろうか。いずれにせよ、通勤で電車を使っていれば1日のうち往復1～2時間は車両のなかにいることになる。電車で受けるストレスを極力減らすことが日々の充実した暮らしにつながると考えれば、京急線は十分に魅力的な路線だといってよいだろう。

2位は東海道線、3位は東急東横線となった。日本を代表する幹線と、私鉄で最も人気の高い路線が並んだわけで、納得しやすいランキングだろう。ただし、東急東横線のランキングを下げた運賃収入は、線路の距離の割にはかなり多く、実際にはドル箱路線だ。「毎日の混雑ぶりがひどい」と沿線住民からよく愚痴られるが、混み具合は19路線中で見れば真ん中くらい。沿線住民からすれば納得いかない言い方かもしれないが、混雑率がほどほどというのも上位にきた要因である。彼らにすれば唯一の自虐ポイントなのだろうが、上には上があることを知っておいてほしい。

沿線イメージとは裏腹に意外と健闘しているのが京成線だ。率直にいえば、〝空いている〟ことでポイントを稼いでいるのだが、接続本数が多いのも上位の理由だ。京成電鉄の他路線が接続したり、東京側だけでなく千葉側のターミナルに停車するため乗り換え路線数を稼いでいる。ただし、同一の駅舎でない乗り換えも多く、数字ほど接続に便利というわけではない。

都営三田線がギリギリ「負け組」

一方、18位は西武池袋線だ。接続本数が少なく、ブランドタウンも少ない。遅延や混雑率は平均的だが、その割に乗客がそもそも少ない。こうして数値で見ると、ただただ地味である。

沿線にブランドタウンがある率が最も高いのが都営三田線だが、当ランキングでは11位となる。ここ10年での乗客増加率は高いものの、それでも乗客数が少なく、ブランドタウンは多いがターミナルを通過しないため接続路線数も少ない。日吉から田園調布を経て目黒に向かう東急目黒線と相互乗り入れし、アッパー具合は高い路線だが、一方乗客の多くを占めるのは板橋区民と、なんとも一言でいい表しにくい路線である。

この都営三田線をギリギリ「負け組」とすれば、東急田園都市線から上の10路線が「勝ち組」、残り8路線が「負け組」となる。13位の東西線は、日本で最も混雑する路線というハンデを覆しきれなかった。埼京線は、運賃収入が19位であったため、この位置にいるが、JRの統計上は、池袋〜赤羽間の収入のみとなるため。事実上はこの額の数倍は稼いでいるだろうから、一概に「負け組」とはいえないのだが、あくまで公表された数値をもとに作成しているものとしてご容赦願いたい。

もっとも、その沿線に生まれ育った、上京時に通勤・通学に便利な沿線に住むことにした、など、その沿線に住んでいる理由はさまざまだろう。「住む年数を経るごとに沿線への愛着が増していて、ほかの沿線に移る気はない」「学生時代からの友人たちが近くに住んでいるこの沿線こそが私にとってベスト」。そういわれれば、それが正解である。

それでも日ごろから使い込んでいるだけに粗《あら》も見えて、ついついけなしてしまうが、それでも他人に批判されるとつい擁護してしまう。——そう、自分が住む沿線は、どこか故郷に似ている。

次項よりよいところ、ダメなところを掘り下げていくべく、各路線の状況をみていく。

順位	ブランドタウン保有率(%)	順位	混雑率(%)	順位	平均通過人員(人/日)	順位	運賃収入
11	22	4	146	9	271,421	6	621億1699万円
6	36	13	182	3	631,204	1	2253億7700万円
4	47	11	168	4	465,720	12	479億9702万円
9	27	16	189	8	278,642	4	1113億2254万円
3	51	18	199	5	423,673	3	1129億2900万円
5	41	17	191	2	667,820	2	1634億500万円
7	31	9	163	10	241,955	7	619億6938万円
18	4	1	133	19	108,576	15	378億3165万円
13	17	12	172	13	167,766	16	351億7800万円
10	25	14	185	6	398,099	10	513億2635万円
1	66	5	150	16	147,534	18	270億7598万円
8	27	15	188	1	730,718	19	144億700万円
2	52	19	200	15	147,534	9	524億9109万円
15	7	2	137	12	190,124	8	561億9977万円
12	20	7	155	14	155,302	13	433億2557万円
17	5	3	143	11	195,054	17	308億9555万円
18	4	10	168	7	356,557	5	959億8300万円
16	6	8	157	17	144,435	11	494億5337万円
14	15	6	154	18	115,462	14	384億5920万円

出所:『鉄道統計年報』(平成24年度版)、JR東日本HP、『都市交通年報』(平成24年度版)、駅地価.comをもとに編集部作成

「勝ち組」「負け組」首都圏路線ランキング

	総合順位	路線名	ポイント	順位	乗客増加率（%）	順位	遅延回数（日）	順位	接続路線数（本）
	1	**京急本線**	46	4	10.7	1	2	11	19
	2	**東海道線**	51	5	8.6	15	16	8	23
	3	**東急東横線**	54	9	6.9	4	7	10	22
	4	小田急線	55	10	5.8	4	7	4	25
勝ち組	5	総武線	57	12	-0.2	15	16	1	33
	6	中央線	61	15	-2.8	18	17	2	31
	7	京王線	65	17	-5.9	6	8	9	22
	7	京成線	65	8	7.1	1	2	3	28
	9	京葉線	68	1	26	6	8	7	23
	10	東急田園都市線	68	3	11.7	11	11	14	15
	11	都営三田線	69	2	18.6	13	15	14	15
	11	埼京線	69	6	7.7	15	16	5	25
	13	東西線	71	7	7.5	13	15	6	24
負け組	14	東武東上線	75	13	-2.7	9	9	16	14
	15	西武新宿線	77	13	-2.7	6	8	12	19
	16	相鉄本線	83	16	-4.6	3	3	16	14
	16	常磐線	83	18	-10.9	12	13	13	17
	18	西武池袋線	88	11	0.5	9	9	16	14
	—	つくばエクスプレス	—	—	—	—	—	19	12

中央線

住みたい街が密集するアッパー路線

路線データ

運行会社	JR東日本	平均駅間距離	2.2km
開業年	1889年	主力車両	E233系
営業キロ	53.1km	始発	4:39（東京発）
駅数	24駅	終電	0:35（東京発）

○東京 ○神田 ○御茶ノ水 ○四ツ谷 ○新宿 ○中野 ○高円寺 ○阿佐ケ谷 ○荻窪 ○西荻窪 ○吉祥寺 ○三鷹

○武蔵境 ○東小金井 ○武蔵小金井 ○国分寺 ○西国分寺 ○国立 ○立川 ○日野 ○豊田 ○八王子 ○西八王子 ○高尾

※東京〜高尾間を対象とする

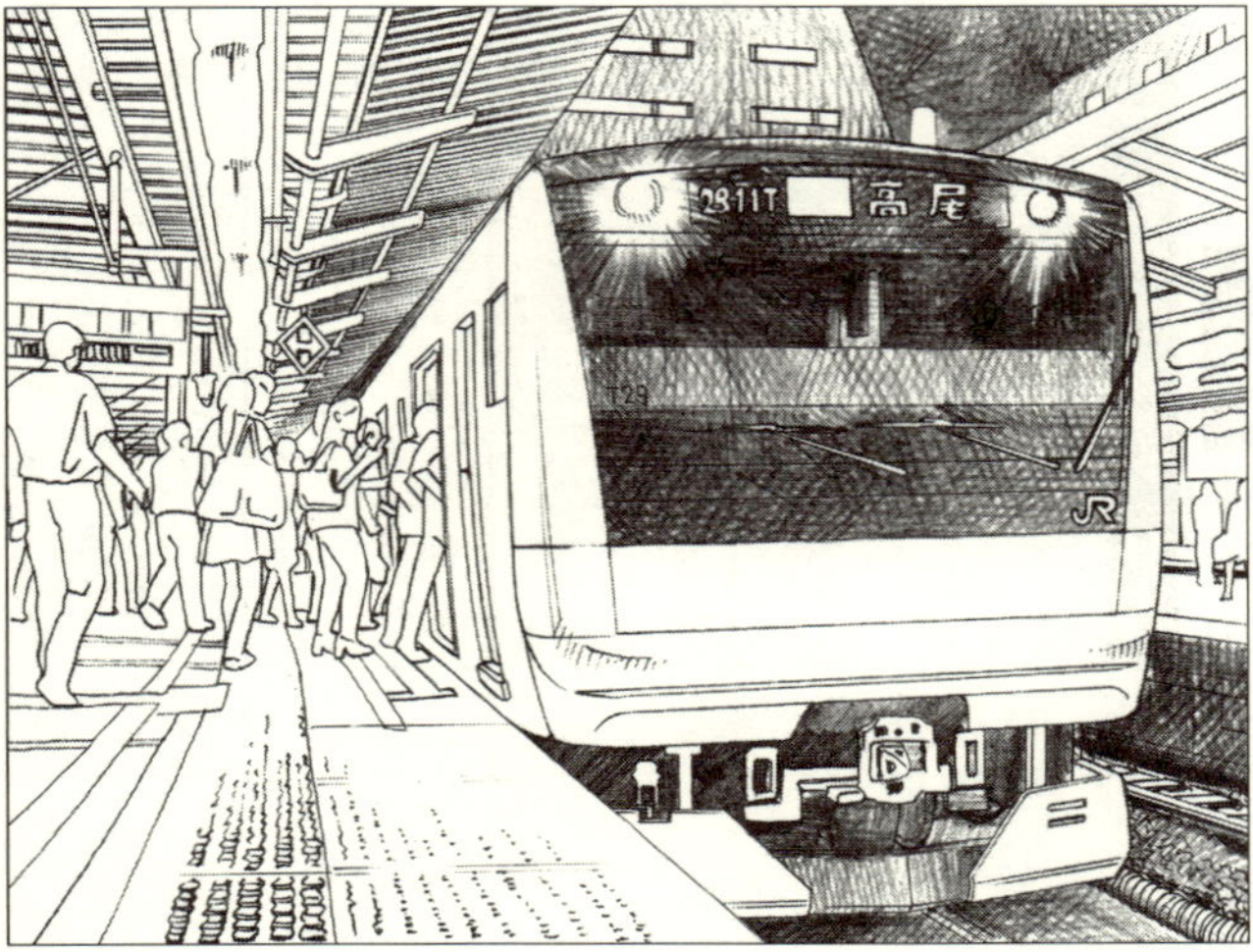

中央線の知られざる通信簿！

項目	数値	内訳・備考
郊外率 （23区外を走る割合）	**61**%	東京～西荻窪間20.6km 西荻窪～高尾間32.5km
沿線住民の富裕度 （1㎡あたりの沿線地価平均）	**125**万円 19路線中3位	最高：東京駅1,184万円 最低：高尾駅13万円
ブランドタウン保有率 （1㎡50万円以上の駅の割合）	**24**駅中**10**駅 19路線中5位	東京・神田・御茶ノ水・四谷・新宿・中野・高円寺・西荻窪・吉祥寺・三鷹
快速率 （全運行本数における快速電車の割合）	**93**%	普通21本　快速224本 通勤快速19本　中央特快39本 特急5本　中央ライナー5本 青梅ライナー3本 ※東京駅始発
接続利便度 （接続路線数）	**31**本	ＪＲ東海道線、埼京線、京浜東北線、山手線、東京メトロ丸ノ内線、都営大江戸線、京王線、小田急線、西武多摩川線など
ラッシュ時の混雑率	**191**% 19路線中2位	中野駅→新宿駅の混雑率 7:51～8:51
運賃収入	**1634**億**500**万円／年 19路線中2位	神田～塩尻の運賃収入。距離が長いため額も多くなるが、首都圏の走行のみに限っても、JRでベスト5に入る
平均通過人員	**667,820**人／日 19路線中2位	神田～高尾間の人数で、JRでは3番目の多さ。首都圏の大動脈の1つであり、止まったときのパニックぶりも納得である

出所：JR東日本HP、『都市交通年報』（平成24年度版）、『鉄道統計年報』（平成24年度版）、駅地価.com

東京の真ん中を走りながら存在感がうすい

中央線は、23区西部、多摩地域の背骨となるような路線だ。とくに中野から立川まではまっすぐに伸びている。シンプルなまっすぐの路線でありながら、中央線はじつに多彩な顔を見せる。

山手線が団子ならば、中央線はそれをつき刺す串のようなものだ。

中央線の始発駅となる東京駅は、名目上は日本の中心になる駅である。列車の「上り」「下り」は、すべてこの駅を中心に決められる。そんな東京駅の乗車人員は、1日あたり43万4633人（2015年度）とJR東日本の中では第3位。同時に日本の全駅でも第3位となる。

東京駅の周辺には、日本の中心だけあって、高層ビルのオフィス街が広がっている。丸の内には、三菱地所が管理する丸ビルや新丸ビルがあり、そのほかにも三菱系企業が本社を構えている。

かつてこの地域は、「日本のオフィス街」の代表として、平日と比べ休日は閑散としていたが、今では商業地としての開発も進められ、休日にも人が集まるようになっている。

少し北側の大手町に行くと、日本経済新聞社・読売新聞社・産経新聞社と全国紙5紙中3紙の本社があり、「新聞の街」としての姿も見せている。かつてはこの地に輪転機も置かれていたが、騒音の問題や社屋の建て替えとともに輪転機は工業地帯へと移った。

北東側に向かうと兜町や日銀などがあり、証券会社の本社なども集まっている。こちらは、「金融の街」だ。

日本を代表する駅である東京駅の次は、神田駅だ。このあたりから、大きなビルのほかに、中小の雑居ビルも多く混じってくる。中小企業が入居している一方、その最上階にはそのビルのオーナーが暮らしていたりする。もともとこの地で商売をやっていたものの、商売をたたみ地の利を生かしオフィスビルの経営をするようになり、それで生活しているというわけだ。不動産を持っているというのは、日本の代表的な〝富裕層〟である。東京駅周辺で働くエリートたちが〝富裕層〟と思われがちだが、彼ら彼女らはいわば一介のサラリーマンにすぎない。神田駅周辺のビルオーナーは、庶民的な感じの人は多いものの、一等地の不動産で安定した収入を得ている。こういった人たちこそが、隠れた真の富裕層だろう。

御茶ノ水からは秋葉原方面からくる総武線と合流する。御茶ノ水は明治大学や東京医科歯科大学、順天堂大学がある学生街であり、駿台予備学校の本拠地である。四谷には上智大学があり、またこの地域には弁護士事務所もよく見られる。

新宿駅は、日本最大の乗車人員を誇る駅である。ＪＲ東日本だけでも、1日あたり76万43人（2015年度）となっており、そこに私鉄の駅も加わり、一大ジャンクション駅として巨大化している。新宿駅東口は商業地となっており、西口は高層ビルが林立し、企業のオフィスや都庁舎などがある。ここで、オフィス街としての「中央線沿線」は終わりである。

といいながら、そもそも東京〜新宿間を〝中央線沿線〟と思い浮かべる人は少ない。「中央線沿線に住みたい」と若者がいったとき、それは新宿から先（西）の話だ。決して四谷に住みたいわけではない。東京23区よりさらに絞った「山手線内」という聖地があり、そのなかを走るＪＲ線は中央・総武緩行線だけなのだが、街の存在感が強すぎて、路線の印象が薄い。

貧乏くさかったり、高級住宅地だったりと目まぐるしい

大久保、東中野と緩行線のみが停車する駅を通り過ぎ、地下から東京メトロ東西線が合流してくると、中野だ。ここから立川までは、文字通り一直線である。

中野は中野区の中心駅であり、駅周辺の路線価は一坪当たり３２７・３万円。しかも、この地域の地価は上昇しつつある。都心への一極集中の影響を受け、住宅地・商業地としての価値を高めている。

中野区には、「中野ブロードウェイ」という商業・住宅が一体となった施設がある。１９６６年に完成した中野ブロードウェイは、築50年にもなる古い建物だが、今も「サブカルの聖地」の第一線にいる。ちなみにこのマンションには青島幸男や沢田研二が暮らしていたことがある。

中野をすぎると、杉並区に入る。中央線の「魔界」と呼ばれるような地域だ。高円寺は、夏の阿波おどりで有名である。この地は、１９７４年生まれの市民運動家・松本哉が行っている市民

運動「貧乏人大反乱集団」の拠点である。まあ、その運動は単に一例であり、このあたりの地域は、「おしゃれ」ではあるが、おっさん視点で見ると「貧乏くさい」ものが多い。しかし、賃貸物件の家賃を見てみると、高円寺で1Kの相場が7・61万円（ホームズ調べ）と、それなりのお値段だ。「貧乏」を身にまとって暮らすにも、お金がかかるのである。

荻窪・西荻窪と、杉並区を中央線は進んでいく。西荻窪はある種、最も「中央線らしい駅」であろう。

杉並区は、衆議院議員総選挙では東京8区に属する。こういった土地柄だから、民進党や社民党の政治家が当選してもいいのではと思うものの、自民党の石原伸晃が小選挙区開始以来ずっと当選し続けている。それでいて、区議会には新左翼系の議員もいたりする。政治的に熱い地域なのだ。

西荻窪をすぎると、多摩地域に入る。吉祥寺は、多摩東部の拠点であり、商業施設も多く存在する。漫画家が多く暮らしているといわれている。吉祥寺駅の路線価は366・1万円であり、都心寄りの中野よりも高い。かつて吉祥寺には百貨店が多く集まっていた。伊勢丹だけではなく、東京では唯一の近鉄百貨店までもがあった。いまでは、東急百貨店しかない。なお、南口にはマルイ、北口にパルコもある。

一方、井の頭公園があるなど緑豊かなところであり、自然環境もよい。そのためか、高級住宅

吉祥寺のハーモニカ横丁。おしゃれなイメージの吉祥寺だが、庶民的な面も見せる

街となっている。

「リベラル」な住民が集う路線

吉祥寺から国立まで、住民の大卒者率が45%を超えるような地域がずっと続く。このあたりではリベラルな論調の『朝日新聞』の読者が最も多く、論調が対照的とされる『産経新聞』は売れない。とくに小金井市では、『朝日新聞』が1万2350部なのに対し、『産経新聞』はわずか350部である。国分寺市も、『朝日新聞』が多いのに対し、極端に『産経新聞』が少ない。さきほど述べた杉並区でも、『産経新聞』は最も売れない新聞である。

立川に入ると、ようやく『読売新聞』

が最も売れる新聞になる。立川は多摩地域の中心となる街であり、開発が進み商業施設が増えているものの、人口は減少傾向にある。ここからは一直線の区間も終わり、日野・豊田と進んでいく。このあたりになると、郊外型の住宅街になっていく。八王子は郊外として活気あふれる。かつては甲信越地域から横浜へと向かう生糸の中継地点であり、その影響からか繊維産業が盛んだ。ちなみに松任谷由実の実家・荒井呉服店がある。繊維産業の富の集積が、ユーミンのアッパーな音楽を生み出したのかもしれない。

高尾につくと、観光地の玄関口のような雰囲気になっていき、もはやアッパー路線の印象は皆無だ。そもそも、中央線は名古屋まで続く。名古屋まで直通で運行しているわけではないが、アッパー路線から乗り過ごすと、大変なことになる。

中央線あるある

総武線を利用していようが、「中央線沿線」という住民意識
時間調整、停止信号、お客様混雑、人身事故——とにかく停まる
酒を飲み、目が覚めると高尾
武蔵小金井行きにのったときの安心感

総武線

首都圏を縦断する「まぜこぜ」路線

路線データ

運行会社	JR東日本	平均駅間距離	1.5km
開業年	1932年	主力車両	E233系
営業キロ	60.2km	始発	4:32(新宿発)
駅数	39駅	終電	0:40(新宿発)

千葉
西千葉
稲毛
新検見川
幕張
幕張本郷
津田沼
東船橋
船橋
西船橋
下総中山
本八幡
市川
小岩
新小岩
平井
亀戸
錦糸町
両国
浅草橋
秋葉原
御茶ノ水
水道橋
飯田橋
市ケ谷
四ツ谷
信濃町
千駄ケ谷
代々木
新宿
大久保
東中野
中野
高円寺
阿佐ケ谷
荻窪
西荻窪
吉祥寺
三鷹

総武線の知られざる通信簿！

項目	数値	内訳・備考
郊外率 （23区外を走る割合）	**44**%	三鷹〜小岩間　33.8km 小岩〜千葉間　26.4km
沿線住民の富裕度 （1㎡あたりの沿線地価平均）	**77**万円 19路線中6位	最高：新宿駅321万円 最低：幕張本郷駅14万円
ブランドタウン保有率 （1㎡50万円以上の駅の割合）	**39**駅中**20**駅 19路線中3位	両国・浅草・秋葉原・御茶ノ水・水道橋・飯田橋・市ヶ谷・四谷・信濃町・千駄ヶ谷・代々木・新宿・大久保・中野・高円寺・荻窪・吉祥寺・三鷹など
快速率 （全運行本数における快速電車の割合）	**0**%	
接続便利度 （接続路線数）	**33**本	JR山手線、中央線、京浜東北線、東京メトロ東西線、半蔵門線、西武新宿駅、都営大江戸線、つくばエクスプレス、小田急線、京成千葉線など
ラッシュ時の混雑率	**199**% 19路線中18位	錦糸町駅→両国駅の混雑率 7:34〜8:34
運賃収入	**1129**億**2900**万円／年 19路線中3位	東京〜銚子間（総武本線）の運賃収入。銚子までを含んでもなお1kmあたりの収入ではJRで5位につけるドル箱路線だ
平均通過人員	**423,673**人／日 19路線中5位	東京〜千葉、錦糸町〜御茶ノ水の人数。JRで5番目に多い。千葉から東京に向かう人にとって、この路線が頼り

出所：JR東日本HP、『都市交通年報』（平成24年度版）、『鉄道統計年報』（平成24年度版）、駅地価.com

中央線と区別され「黄色い電車」と呼ばれる

いまでも「黄色い電車」と呼ぶ人がいる総武線。正確には、カナリアンイエローという色のラインカラーである。子どもでもあるまいに、なぜそう呼ぶ人がいるのかというと、並行して走る中央線との区別のためである。列車内で「中央・総武線　三鷹行き」もしくは「総武線各駅停車」などとアナウンスされる。普段乗っている人は「この電車は総武線」と認識して乗っているのであまり気にしないわけだが、なぜそういう言い方をするのか。

少々めんどくさい話だが、路線は、「運行系統」、いわば運行ルートとしての名称と、「路線」そのものの名称に分けられる。多くの人が認識している三鷹～千葉を結ぶ総武線は、運行ルートの話で、正確にいうと、中央線（三鷹～御茶ノ水。ただし途中、山手線）と山手線（代々木～新宿）と総武本線（御茶ノ水～千葉）の3路線を直接走っている列車の名前が「総武線」という具合だ。

たとえば「中野に住んでいて、勤め先は代々木」という場合、通勤は黄色い電車＝総武線を使用するだろう。にもかかわらず、どこに住んでいるのかと訊かれて、「中央線沿線に住んでいる」というのが心苦しい人がいるのではないか――そんな余計な心配をし、右記のように解説してみた。結論をいえば、「(運行系統は総武線を使っているが）住んでいるのは中央線沿線」と今後は胸を張っていって大丈夫である。

終日通して〝座れない〟路線

少々冗長な話から入ったが、要するに、総武線は三鷹まで行っているのだが、新宿以西において総武線の存在感は薄い。紙幅も限られるので、新宿以西は先の中央線の項に譲り、ここでは御茶ノ水以東の話をしていく。加えて、錦糸町からは総武快速線と並走するため、純粋に総武線だけが走る区間は御茶ノ水〜錦糸町間のみとなるが、御茶ノ水以東での存在感は絶大だ。

朝のラッシュ時、総武線の最混雑区間が錦糸町→両国で199％、並走する総武快速線は新小岩→錦糸町で178％。JRで最も混雑する路線のひとつである。ちなみにもうひとつは山手線の上野→御徒町間が同じ199％だが、2014年のデータであるため、上野東京ライン運行開始後の現在ではいくぶんか緩和され、堂々の1位となっているはずだ。

ラッシュ時だけでなく、一日通しての混雑率も84％（錦糸町→両国）と高い。これは、首都圏において東海道線（川崎→品川：88％）、中央線（中野→新宿：85％）などに次いで5番目となる。ちなみに、この混雑率、定員を座席数に加え、吊り革をもって立つ人なども含んで計算するため、84％という数値は、朝に限らず錦糸町から乗ったらほぼ座れないということを意味する。私鉄では70％を超える路線すらまれで、いかに総武線が利用されているかがわかる。

「総武線が止まると千葉県民は家に帰れない」といわれるほど、総武線は東京都心に通う千葉県民の心のよりどころだ。この存在感は走っている場所によるものである。千葉県内で最も人口の多い船橋市、3位の市川市の中心を通り、千葉市内の主要駅を過ぎたあとは千葉県内のターミナルのひとつ、千葉駅に達する。ついでに東京都内で人口4位の江戸川区も縦断し、千葉県の大動脈と呼ぶにふさわしい路線だ。

西船橋、船橋、津田沼、千葉で乗車人員が1日10万人を超え、ほかも多くが5万人を超える。ベッドタウンでありつつ、千葉県各地域の主要駅が並んでおり、接続する私鉄は総武線の〝支線〟のような認識でいる人も多いだろう。

一方で、総武線沿線には、高い集客力をもつ施設が少ない。千葉県内の施設では、ららぽーと、IKEA、幕張メッセ、千葉ロッテマリーンズの本拠地であるQVCマリンフィールドなど、それら大型施設はたいてい京葉線沿線と認識されるものばかりだ。総武線沿線が成熟してしまっているがために、そうした〝新規参入組〟は、いきおい開発が進んでいなかった海側、つまり京葉線沿線となる。総武線の駅からバスが出ているケースもあるが、バスへの乗り換えは、どうしても不便さがつきまとう。

そうした状況にあって、総武線と京葉線の関係をよく示す現実がある。総武線の幕張本郷駅から京葉線の海浜幕張へと向かう京成バスだ。このバス、朝8時台には60本近くが運行されている。1分に1本ペースで出ていることになるが、もはや時刻表は意味をなさないレベルだ。千葉の副都心である海浜幕張地区で働くビジネスパーソンが乗り込むことになるが、彼らは働く場所は京葉線でも、住む場所は総武線を選んでいることになる。

西船橋で武蔵野線を使って総武線から京葉線に乗り継ぐことができるが、本数が少なく不便であることが、驚愕の本数のバスが運行される理由のひとつだろう。ただし、千葉駅側から乗車した場合は大きく回り込むことになるし、仮にその接続が便利になっても、バス本数が大きく減ることは考えづらい。

今後住まいを千葉に選ぶ人たちは、成熟の街を選ぶのか、開発が進む〝これから〟の街を選ぶのか。総武線と京葉線の立ち位置は、今後さらに混迷していきそうだ。総武線のバイパス路線として開通した京葉線が、千葉と東京を結ぶ〝本線〟としての地位をおびやかそうとしている。

総武線あるある

津田沼行きか千葉行きかで、帰宅プランを変える

朝でも座れるチャンスが3度ほどある

中央線の乗客のために出された遅延証明書をとりあえずもらう

新宿から座って帰ろうとすると黄色い電車が運行を終えている

歴史ある路線も今や「快速」扱い

東海道線

路線データ

運行会社	JR東日本	平均駅間距離	6.3km
開業年	1872年	主力車両	E233系
営業キロ	63.8km	始発	5:20（東京発）
駅数	11駅	終電	23:54（東京発）

東京 ― 新橋 ― 品川 ― 川崎 ― 横浜 ― 戸塚 ― 大船 ― 藤沢 ― 辻堂 ― 茅ケ崎 ― 平塚

東海道本線の知られざる通信簿！

項目	数値	内訳・備考
郊外率 （23区外を走る割合）	**67**%	東京～川崎間　18.2㎞ 川崎～平塚間　45.6km
沿線住民の富裕度 （1㎡あたりの沿線地価平均）	**99**万円 19路線中5位	最高：東京駅1080万円 最低：戸塚駅21万円
ブランドタウン保有率 （1㎡50万円以上の駅の割合）	**11**駅中**4**駅 19路線中6位	東京・新橋・品川・横浜
快速率 （全運行本数における快速電車の割合）	**40**%	普通128本 湘南ライナー9本　快速32本 通勤快速9本　特急32本 寝台特急3本 ※東京駅始発
接続便利度 （接続路線数）	**23**本	ＪＲ中央線、京浜東北線、山手線、東京メトロ銀座線、都営浅草線、ゆりかもめ、京急本線、東急東横線、相鉄本線、江ノ島電鉄など
ラッシュ時の混雑率	**182**% 19路線中13位	川崎駅→品川駅の混雑率 7：39～8：39
運賃収入	**2253**億**7700**万円／年 19路線中1位	東京～熱海間の収入。ただし乗車人数は東京～鶴見間が圧倒的に多く、大半をその区間で稼ぐ。JRで最も多くの金額を稼ぐ在来線だ
平均通過人員	**631,204**人／日 19路線中3位	東京～鶴見の人数。JRで4番目に多い。昔から多くの人が行き交う道は健在だ

出所：JR東日本HP、『都市交通年報』（平成24年度版）、『鉄道統計年報』（平成24年度版）、駅地価.com

日本を代表する路線だが、都内では影が薄い

日本を代表する路線を挙げるとすれば、山手線ともうひとつが東海道本線だろう。東海道本線は1872年に開業された歴史ある路線で、東京と神戸までを結ぶ日本の動脈のひとつである。しかしながら、関西では東海道本線とは呼ばずに、運行実態に合わせ、例えば大阪から神戸に向かう列車を神戸線と呼ぶなど、別の名称で運行していたりする。

首都圏においては、駅数の多い京浜東北線や横須賀線（湘南新宿ライン）と並走するため、東海道線の駅を自宅の最寄り駅として使っている人は限られるのが実情だ。つまり、その知名度の高さ、鉄道網における重要な位置づけであるにもかかわらず、「東海道線沿線の住民」というのは決して多くない。

そもそも東京駅への通勤圏にある駅は新橋、品川、川崎、横浜、戸塚、大船、藤沢、辻堂の8駅のみ（辻堂〜東京間は約55分）。新橋、品川に住んでいて東海道線で東京駅に通勤する人はむしろ少数派だろうから、事実上、6駅しかいない。その6駅沿線に住んでいるとして、加えて品川、新橋、東京が職場の最寄り駅となると、かなり限られてくる。つまり東海道線は、多くのケースで乗り換えを伴いながら利用される路線なのだ。駅が少ない分、乗車時間は短い（早く着く）。

そのため、「快速に乗り換える」的な感覚で使われるのが実態だ。実際、よく利用されており、

朝は川崎→品川で混雑率182％で、ＪＲでは5番目となる。

もっとも、快速に乗り換えるのであれば、速さが重視されるわけで、川崎〜東京間では京浜東北線での所要時間が25分、それに対して東海道線では18分。7分の違いしかなく、かなりスムーズに乗り換えできたとしても4、5分の短縮にとどまり、階段を上り下りする乗り換えの労を考えれば思いとどまるレベルであろう。そう考えれば、横浜以西の人が乗客の主流を占めると考えられる。横浜以西の駅は、保土ヶ谷（約3万2000人）、東戸塚（約5万7000人）、戸塚（約11万人）、大船（約9万8000人）、藤沢（約10万人）と、その乗車人員からわかるように、中規模の駅が並ぶ。

地価も、東京駅から46㎞ある大船が21万円／㎡、51㎞の藤沢が約25万円／㎡。千葉のほうに下った場合、東京駅から35㎞の距離の稲毛（総武線）が約18万円／㎡、26㎞の津田沼が約18万円／㎡。東京駅から近ければ高いというわけでもないが、それでもこれだけ距離の差がありながら、なおも地価が高い東海道線沿線地域には、歴史に裏付けられたブランド力を感じることができる。

ちなみに東京〜津田沼が総武快速線で約27分、東京〜藤沢が東海道線で約48分。藤沢は、政令指定都市の横浜、川崎、相模原市に次いで神奈川県で人口が多い。アクセスのよさではなく、その街の独自性で地価を押し上げている。

なお、保土ヶ谷や東戸塚は横須賀線の駅であるが、東海道線の輸送力強化を目的に建設された

「東海道線の別線」であり、そこに住まう人たちは「東海道」の住民であることに違いはない。

今なお多くの人が行き交う「道」

東海道は、昔から多くの人が行き交う日本の幹線だ。1日1㎞あたりの乗客数は約63万1000人とJRで4番目となる。

ただし、この数値は、東海道線と並走する京浜東北線や横須賀線の乗客も含まれた数値だ。鉄道の統計において乗客数をカウントする際、品川で乗った人が川崎で降りたとして、その人が何線に乗ったか把握するのは不可能。そのため、「この駅からこの駅は○○線扱い」という具合にしてカウントするためである。

もっとも、先に述べたように、この人の流れを〝路線〟で区別するのはヤボだ。「東海道」は今も何十万人の人が行き交う日本を代表する「道」なのである。

この日本を代表する「道」の進化は今なおとどまらず、上野東京ライン開通によって、宇都宮や高崎とつながることになった。東海道新幹線は、今も東京で止まったままだが（そして、そこから北へつながる気配すらまったくないが）、東海道線は新たな展開を見せ続けている。

ただ、こうなると、もはや何が東海道線沿線なのか、わからなくなる。京浜東北線や山手線、横須賀線、私鉄では京急本線と並走しており、神奈川のほうでは貨物線とも並走している。人だけでなく、モノもたくさん行き交っているわけだ。

また、他のJR線に比べると、快速アクティーや湘南ライナー、ほかにも通勤快速や寝台特急まで、じつにさまざまな列車が走る。都内近郊をちまちま走る路線ではないのだ。

いろいろなものを飲み込み、東海道線は今日も走る。ちなみに、運賃収入はJRで最も多い、2253億円をたたき出す。都内近郊での移動ではいまいち影が薄い東海道線だが、俯瞰して見てみると、そのスケールの大きさを実感する。

東海道線あるある

トイレがついていてよかったとしみじみ思う
快速アクティー、湘南ライナー……やたら運行形態が多い
残業後、グリーン車に乗って帰りたい誘惑にかられる
朝の下り列車と上り列車の雰囲気が違いすぎる

埼京線

延び続けて「海なし県」から海到達

路線データ

運行会社	JR東日本	平均駅間距離	2.0km
開業年	1985年	主力車両	E233系
営業キロ	36.9km	始発	4:51(大宮発)
駅数	19駅	終電	0:46(大宮発)

大崎 ― 恵比寿 ― 渋谷 ― 新宿 ― 池袋 ― 板橋 ― 十条 ― 赤羽 ― 北赤羽 ― 浮間舟渡 ― 戸田公園 ― 戸田 ― 北戸田 ― 武蔵浦和 ― 中浦和 ― 南与野 ― 与野本町 ― 北与野 ― 大宮

埼京線の知られざる通信簿！

項目	数値	内訳・備考
郊外率 (23区外を走る割合)	**31**%	大崎〜戸田公園24.4km 戸田公園〜大宮11.6km
沿線住民の富裕度 (1㎡あたりの沿線地価平均)	**62**万円 19路線中8位	最高：新宿駅321万円 最低：北戸田駅22万円
ブランドタウン保有率 (1㎡50万円以上の駅の割合)	**19**駅中**5**駅 19路線中8位	恵比寿・渋谷・新宿・池袋・板橋
快速率 (全運行本数における快速電車の割合)	**28**%	普通123本 快速21本 通勤快速28本 ※大宮駅始発
接続便利度 (接続路線数)	**25**本	ＪＲ山手線、京浜東北線、東京メトロ副都心線、都営新宿線、京王本線、小田急線、東急東横線、東武東上線、西武池袋線
ラッシュ時の混雑率	**188**% 19路線中15位	板橋駅→池袋駅の混雑率 7:50〜8:50
運賃収入	**144**億**700**万円／年 19路線中19位	池袋〜赤羽間の収入。つまり埼京線の前身となる赤羽線の収入だ
平均通過人員	**730,718**人／日 19路線中1位	池袋〜赤羽間の人数。JRでは山手線に次ぐ乗客の多さゆえ、痴漢が多い路線といわれてしまう……

出所：JR東日本HP、『都市交通年報』（平成24年度版）、『鉄道統計年報』（平成24年度版）、駅地価.com

赤羽線の歴史を知らずして、埼京線は語れない

埼玉から池袋・新宿・渋谷といった副都心を結ぶ埼京線は、いまや首都圏の通勤路線としてなくてはならない存在になっている。その混雑ぶりで「痴漢が多い路線」という屈辱的な汚名を着せられているが、そこに至るには、実に波乱に満ちた経緯をたどってきている路線なのだ。

この埼京線の起源は、明治時代まで遡る。国鉄の前身ともいえる日本鉄道が建設した東北本線の赤羽から線路を分岐させて板橋・新宿・渋谷を通り品川で東海道本線に接続する迂回ルートを計画。これが、後に山手線となるわけだが、その後、1972年、池袋〜赤羽間が「赤羽線」として分離されることになる。この赤羽線がいまの埼京線のもとになるのだが、しばらくは池袋〜赤羽間の5・5㎞だけを行き来する孤高の路線と化した。

と、なぜ、そんな昔の話をするのかと思う向きもあろうが、もう少しだけ付き合ってほしい。

東京の北部を走るローカル線然としていた赤羽線にターニングポイントが訪れるのは、1985年。同年に東北・上越新幹線が開業したことが大きく立場を変えることになった。東北・上越新幹線は、1982年に盛岡〜大宮間で暫定開業していた。その後は当然、上野駅・東京駅に乗り入れることになっていたのだが、大宮から南下するルートの建設予定地だった埼玉県浦和市、与野市（現・さいたま市）、戸田市などの住民たちが建設反対の抗議運動を活発化させる。沿線

には大学を卒業して会社勤めをしていたインテリが増えており、振動や騒音など生活環境が悪化することに対して敏感だったのだ。そうして工事が難航するなか、国鉄は見返りとして東北新幹線に並行するように通勤新線を建設することを約束。これが、赤羽駅から北へと延びる埼京線になる。そして、大崎を経てりんかい線にも直通。海なし県から始まった路線は、念願（？）の東京湾に達するに至った。

ちなみに、埼玉をメインに走っている印象が強いが、大宮から大崎をつなぐ埼京線、実は23区以外を走っている距離は全体の3割ほど。意外とアーバンな路線なのだ。ともあれ、埼京線が開通したことで東京の副都心エリアまで乗り換えなしで行けるようなった。下りでは新宿駅や池袋駅のホームで列車を待っている際、赤羽行きが来てがっくりする人も多いだろう。しかしながら、過去の埼玉県人の苦労をしのび、次の大宮行きを待たずに乗るのもまた一興である。

混雑が緩和されたと思ったら、沿線人口減少の危機

さて、そうした交通の利便性が注目されるようになり、埼京線の沿線は人口が増加。東京圏でも屈指の混雑率の路線になった。大宮〜赤羽駅間が開業した1985年の混雑率は224％、2001年に湘南新宿ラインが開業し埼京線への集中が緩和されても211％もあった。

放置しておくわけにもいかないJRは運転本数を増やしたり、乗り降りしやすいワイドドア車

を導入したり、湘南新宿ラインの開業もその方策のひとつだが、そうして2014年で188％まで緩和させることができた。それでもJRで4番目の混雑ぶりではあるが……。

ただ、増える一方だった埼京線の沿線人口がゆるやかに減少に転じ、混雑対策が一段落したのも束の間、今度は乗客が減少するという危機感がJRを襲う。混雑回避にやっきになってはいたが、鉄道も営利企業、そもそも客が減っては元も子もない。2002年にりんかい線と直通運転を開始して、利便性アップ。加えてそこで繰り出した一手が、子育て施設の整備だ。

2004年、JR東日本は埼京線沿線にはじめて保育所をオープンさせた。もともと、埼京線には東北・上越新幹線を建設する際に騒音・振動が心配されたことから緩衝地帯として都市施設帯が設けられていた。

かつて、ニューファミリーのインテリ層たちが建設抗議運動をした成果——と言っては語弊もあろうが、この都市施設帯は線路から約20mものスペースがとられている。広大な敷地が、都市施設帯という名目で遊休地になっていたわけだ。JR東日本はここに着目。それらを有効活用するべく、沿線の自治体と協議して保育所用地として整備した。保育園不足が社会問題化している昨今、いろんな歴史と思惑が重なり、いち早く保育園不足に取り組んだ意識の高い路線なのである。

当時、保育園用地が不足し、待機児童問題に悩んでいた自治体にとってまさに渡りに船となった。これを機に、ＪＲは埼京線を〝子育て応援路線〟と命名。毎年のように保育所を新設している。都市施設帯は線路脇にあるから、当然ながらそこに開園する保育所は駅近になる。駅近の保育所なら、通勤時に子供を預けることができ、退勤時に引き取ることができる。今では学童保育も多数できており、子育て世帯にとって暮らしやすい環境が整いつつある。

あくまで一側面だが、と重々念を押してまとめるが――抗議運動で埼京線がつくられて、沿線人口が増加。時代の流れで住民が減ってきたところに、抗議運動で幅を広めにつくられた都市施設帯に保育園が整備されて、〝混雑の激しい路線〟から脱却し、ニューファミリー層が多く暮らす街になりつつある。

埼京線あるある

今乗っている路線がいったいどの路線か、ときどきわからなくなる下りホームで待っていて、赤羽行きが来たときの無念さ「最強線」と心のなかで呼んでみるも、その由来は人それぞれ高齢者のなかに、いまだに「赤羽線」という人がいて、きょとんとする

常磐線

「酒盛り列車」と呼ばれてもめげない路線

路線データ

運行会社	JR東日本	平均駅間距離	2.5km
開業年	1889年	主力車両	E531系
営業キロ	50.6km	始発	4:33(日暮里発)
駅数	21駅	終電	0:54(日暮里発)

日暮里 ― 三河島 ― 南千住 ― 北千住 ― 綾瀬 ― 亀有 ― 金町 ― 松戸 ― 北松戸 ― 馬橋 ― 新松戸

北小金 ― 南柏 ― 柏 ― 北柏 ― 我孫子 ― 天王台 ― 取手 ― 藤代 ― 佐貫 ― 牛久

常磐線の知られざる通信簿！

項目	数値	内訳・備考
郊外率 （23区外を走る割合）	**69**%	日暮里〜松戸間15.7㎞ 松戸〜牛久間34.9km
沿線住民の富裕度 （1㎡あたりの沿線地価平均）	**29**万円 19路線中15位	最高：日暮里駅67万円 最低：佐貫駅3万円
ブランドタウン保有率 （1㎡50万円以上の駅の割合）	**21**駅中**1**駅 19路線中18位	日暮里
快速率 （全運行本数における快速電車の割合）	**62**%	普通62本 快速94本 特別快速6本 ※日暮里駅始発
接続便利度 （接続路線数）	**17**本	JR山手線、京浜東北線、日暮里・舎人ライナー、東京メトロ日比谷線、京成本線、東武スカイツリーライン、東武東上線、つくばエクスプレス、京成金町線など
ラッシュ時の混雑率	**168**% 19路線中10位	松戸駅→北千住駅の混雑率 7：30〜8：30
運賃収入	**959**億**8300**万円／年 19路線中5位	日暮里〜岩沼間の収入だが、多くは日暮里〜取手間で稼いでいる
平均通過人員	**356,557**人／日 19路線中7位	日暮里〜取手間の人数。取手〜勝田間になると客数は6分の1ほどになる

出所：JR東日本HP、『都市交通年報』（平成24年度版）、『鉄道統計年報』（平成24年度版）、駅地価.com

茨城南部から都心部へ通勤輸送の役割

路線全体としては都心部から仙台までを、太平洋沿岸地域を経由して結び、特急列車も運行されている常磐線だが、首都圏方面では茨城県南部や千葉県から都心部への通勤輸送の役割を担っている。

これは路線の郊外率を見れば明らかで、牛久以南を首都圏と仮定すると、東京23区外を走る割合は50・6㎞中34・9㎞と、実に約7割に上る。そのため、ラッシュ時の混雑率が最高で168％（松戸〜北千住間、平成24年度発表）と、中央線や東西線ほどではないものの、どちらかといえば高い部類に入る。

また、直流区間である日暮里〜取手間の平均通過人員も35万6557人と多いが、取手以北は6分の1に激減し、同一路線内でも区間によって利用者数の差が激しいのが特徴といえる路線である。

さらに、2015年には品川まで直通する上野東京ラインが開通したことにより、それまで東京や新橋にある勤務先に行くために上野で山手線・京浜東北線に乗り換えていた常磐線ユーザーの利便性が大幅に向上した。

常磐線は事実上の起点である品川から取手までが直流、取手以北が交流路線ということもあり、品川〜取手間は交直両用電車を使用して水戸方面へ向かう中距離列車、品川〜取手間のみを走行して一部が綾瀬駅から成田線と直通する快速、綾瀬駅から東京メトロ千代田線に乗り入れる各駅停車の3系統に分かれている。北千住〜取手間の複々線区間では中距離列車と快速が快速線を、各駅停車が緩行線を走行し、この2つの路線はダイヤグラムが独立している。あえていうなら、中央線快速と総武線各駅停車のような構図といえよう。

ただ、常磐線に乗り慣れていない人にとっては、この「各駅停車」がクセ者となる。常磐線の各駅停車は、前述のように上り電車は綾瀬駅から千代田線に乗り入れるため、北千住〜品川は経由しない。つまり、品川や上野から各駅停車しか停まらない綾瀬、亀有、金町に行きたければ、必ず北千住で乗り換えなければならないのだ。

そのため、普段はほとんど常磐線に乗らない人が亀有に行く用事ができて、品川や上野から「各駅停車」のつもりで中距離列車の「普通」に乗ってしまうと、気付いたときには千葉県の松戸にいた……という現象が発生し、同路線の構造を理解しない限り同じ失敗を繰り返すことになる。

23区で4番目に乗車人員が少ない三河島

とはいえ、各駅停車が経由しない品川〜北千住の区間は、ほとんどの駅が他の路線と接続していることもあり、現実的にはあまり不便と感じる場面は少ない。そんな中で際立つのが、日暮里の隣にある、三河島の影の薄さだ。

三河島は1962年に起きた、死者160人以上を出した列車多重衝突事故の現場でもあるのだが、常磐線の中距離列車ならびに快速しか乗り入れておらず、日暮里から同駅まではUの字を描くような経路で、日暮里駅からは徒歩圏内となっている。ゆえに、1日の平均乗車人員は1万373人（2014年）と常磐線のJR東日本管内の駅では最も少なく、東京23区内の駅でも4番目に少ない。そんな事情があるからか、常磐線沿線の地価は日暮里が67万5000円／㎡であるのに対し、隣の三河島は42万1500円／㎡と急落する。

また、その2駅先の北千住は近年の再開発の影響もあり、47万2500円／㎡と若干持ち直すが、その次の綾瀬は36万8000円／㎡、金町は28万3500円と、やはり都心部から離れるにつれて下がっていく。

一方、千葉県に入ると、1㎡あたり10万〜15万円が相場の中で、柏周辺の地価が22万1500円と突出して高い。もともと柏駅周辺は都心部で勤務する人のベッドタウンとして人気の高いエリアではあったが、ここ数年は大規模な再開発が進んでおり、2012年ごろの地価と比較しても上昇傾向にある。また、乗車人員も11万9671人で常磐線所属駅としては北千住に次いで2位である。

柏から1駅下った北柏になると、地価は9万円台へと半減。茨城県に入って1駅目、取手まで来ると、5万8450円となり、やはり都道府県で〝格差〟があるようだ。取手以北は交流区間となるため、いわゆる通勤型列車の圏外となり、地価も1㎡あたり3万円台が目立ち始めるが、駅周辺に新興住宅地や巨大な大仏がある牛久は5万5600円と、県内では比較的高い。と、ここまで述べてきたように、千葉を経て茨城まで走るこの列車、「酒盛り列車」という異名がついている。日暮里〜牛久間は1時間弱で到着するが、その間、酒を飲みながら帰る乗客が多いためだ。特に取手以北では、どこからともなくワンカップを開ける音が……。取手でガクンと乗客は減り、車窓に広がる〝田舎〟の風景――。その状況にはワンカップが似合うのかもしれないが、乗車した瞬間から〝酒盛り組〟の頭には、その風景が広がっているのかもしれない。

常磐線あるある

都内にありながら、なかなかたどり着けない綾瀬、亀有、金町
常磐線ユーザーにも存在を忘れられている三河島
たまに乗ると柏の発展具合に驚く
最近ははるか遠くの東海道線の運行状況も気にする必要がある

京葉線

風との戦いが続く湾岸路線

路線データ

運行会社	JR東日本	平均駅間距離	2.6km
開業年	1975年	主力車両	E257系
営業キロ	43.0km	始発	4:55(東京発)
駅数	17駅	終電	0:33(東京発)

東京
八丁堀
越中島
潮見
新木場
葛西臨海公園
舞浜
新浦安
市川塩浜
二俣新町
南船橋
新習志野
海浜幕張
検見川浜
稲毛海岸
千葉みなと
蘇我

京葉線の知られざる通信簿！

項目	数値	内訳・備考
郊外率 （23区外を走る割合）	**70**%	東京〜舞浜間12.7km 舞浜〜蘇我間30.3km
沿線住民の富裕度 （1㎡あたりの沿線地価平均）	**107**万円 19路線中4位	最高：東京駅1184万円 最低：蘇我駅10万円
ブランドタウン保有率 （1㎡50万円以上の駅の割合）	**17**駅中**3**駅 19路線中13位	東京・八丁堀・越中島
快速率 （全運行本数における快速電車の割合）	**30**%	普通157本 快速45本 通勤快速2本 特急19本 ※東京駅始発
接続便利度 （接続路線数）	**23**本	JR埼京線、中央線、山手線、武蔵野線、東海道線、横須賀線、東京メトロ東西線、日比谷線、千代田線、都営三田線、東葉高速線、京成本線など
ラッシュ時の混雑率	**172**% 19路線中12位	葛西臨海公園駅→新木場駅の混雑率 7:29〜8:29
運賃収入	**351**億**7800**万円／年 19路線中16位	収入は山手線の3分の1ほど。乗客は年々増えており、収入増のポテンシャルは、首都圏路線のなかでは大きい
平均通過人員	**167,766**人／日 19路線中12位	東京駅を発着する割に、南武線や根岸線と同規模の人数。日本屈指のテーマパークの最寄り駅を有するだけに今後極端に減ることはないだろう

出所：JR東日本HP、『都市交通年報』（平成24年度版）、『鉄道統計年報』（平成24年度版）、駅地価.com

週末は別の顔

千葉県は県内および東京に向かう路線の混雑度を調査し、HPで公表している。

例えば、京葉線は葛西臨海公園駅〜新木場駅間の東京駅方面（上り）電車のみを公表している。蘇我駅方面行きの電車は深刻な混雑になっていないためだ。

千葉県の調査・公表した数字をもとに京葉線の混雑状況を見てみると、最混雑時間帯の通過人員は毎年増えている。そこでJRは運行本数を増やすことで輸送力を強化。そうした努力の結果、混雑率はわずかだが減少している。

乗客数を減らす路線も多いなか、いまでも乗客数を伸ばす京葉線は、1990年に東京駅〜蘇我駅間の全線が開業した、首都圏でもっとも新しいJR路線だ。そうした事情もあり、沿線の街は、どこもニューファミリー層が目立ち、ニュータウン然とした雰囲気を放っている。

ニュータウンの趣を最も如実に表しているのが乗車人員数5万3000人（2014年度）の新浦安駅だろう。浦安市は東京23区への通勤・通学率が50％を超えている東京のベッドタウンだが、その中心駅のひとつ、新浦安駅は乗車人員5万3000人のうち3万8000人以上が定期券利用者——つまり駅の利用者の7割が通勤通学客という、まごうことなきベッドタウンである。これは浦安駅の比率を上回っている。

東京への通勤通学路線が京葉線の平日の顔だとする一方で、沿線には大型ショッピングモールやテーマパークなど、平日よりも土日祝日に足を向ける人たちをターゲットにした施設が目立つ。そのため、京葉線の昼間の人の流れはいつもと逆になる。東京駅から蘇我駅方面へと流れる人で昼間の車内は埋まり、ラッシュアワーを超える混雑になることも珍しくない。

土日祝日の京葉線で圧倒的な存在感を放つのが舞浜駅だろう。日本人の誰もが知る、東京ディズニーランド・シーの最寄り駅である同駅は、1988年に開業した。

東京ディズニーランドの開園が1983年だから、開園時には舞浜駅は存在しなかった。舞浜駅ができるまで東京ディズニーランドへは、営団地下鉄（現・東京メトロ）浦安駅からバスでアクセスしていた。京葉線の舞浜駅が開業すると、ディズニーランドの来園者が当駅利用者のシェアを独占するようになり、舞浜駅の一日の平均乗車人数は毎年のように増えている。ディズニーランドに隣接して、2001年には東京ディズニーシーもオープン。ますます舞浜駅はディズニー利用客が増え、京葉線の利用者数を押し上げている。

東京ディズニーランドと並ぶ、京葉線のもうひとつのレジャースポットである葛西臨海公園は1989年に開園した。こちらは京葉線の駅の方が一足先に開業している。

葛西臨海公園は、かつて海水浴場として夏場は多くの行楽客を集めたが、海水の汚れにより海水浴場は閉鎖されている。近年、NPO団体などがきれいな海を取り戻そうと清掃や川の浄化に取り組み、2015年に臨時的な扱いではあるものの海水浴場として再オープンを果たした。

この2大レジャースポットによって、京葉線は東京のベッドタウン路線でありながらも土日祝日の利用者数も伸びていった。ほかにも、幕張メッセでは東京ゲームショウやニコニコ超会議といった大型イベントが開催されるようになった。近年、交通アクセスが良好の東京ビッグサイトやパシフィコ横浜などに押され気味ともいわれていたが、2014年度の稼働率は62・2%となり、回復している。施設が古くなりつつある幕張メッセの稼働率が回復基調になっている要因は、海浜幕張駅一帯の整備が進んだことが挙げられる。同駅周辺には、千葉ロッテマリーンズのホームスタジアムやイオンモール幕張新都心などがある。そのほか、南船橋駅にはショッピングモールのららぽーとTOKYO—BAYやIKEAといった大型ショッピングモールがあり、こちらも土日祝日を中心に家族連れなどでにぎわうなど、とにかく大型施設に事欠かない沿線だ。

しかし、京葉線はもともと貨物線として活用されていたこともあり、また湾岸といった地理的背景もあって、いまだ沿線には工場が多い。沿線開発が進んだとはいえ、越中島駅、潮見駅、新木場駅、市川塩浜駅、二俣新町駅などは利用者が少なく、駅前もにぎわっているとはいい難い。接続路線が多く駅自体の利用者数は決して少なくない新木場駅でさえも、利用者数に比して駅前のにぎわいはいまひとつな感じが否めない。新木場駅周辺の開発は進んでおらず、このあたりに京葉線の沿線開発が順調に進んでいない印象を抱かせてしまう。

また、湾岸を走るということで、風でよく停まるといわれる路線でもある。では、実際にどれだけ遅れているかというと、平日に4割ほどの割合で遅延証明書が発行されている（2015年11月の平日の発行状況）。総武線や山手線などでは8割方発行されており、それに比べれば遅れていないわけだが、走行中に受ける風という駅にいるだけでは実感しづらい理由が、「とにかくよく停まるんだよ！」と乗客に思われる原因かもしれない。

京葉線の沿線開発を進めるきっかけになりそうなのは、2020年の東京オリンピックだろう。選手村は新木場駅からも近く、幕張メッセなどでも一部の競技が開催予定となっている。五輪を機に、再開発されていくことになる。開業から約40年経っているも、まだ〝若い〟路線だけにポテンシャルを秘めている。

京葉線あるある

春休みになると、小中学生が大量に乗り込んでくる
休日出勤の日に、舞浜駅を通過する瞬間がつらい
東京駅での乗り換えは避ける
風が吹くと停まる——が、そんなに強い風なのかピンとこない

東急東横線

ブランドタウンがそろう高級路線

路線データ

運行会社	東急電鉄	平均駅間距離	1.2km
開業年	1926年	主力車両	5050系
営業キロ	24.2km	始発	5:00(渋谷発)
駅数	21駅	終電	0:47(渋谷発)

渋谷
代官山
中目黒
祐天寺
学芸大学
都立大学
自由が丘
田園調布
多摩川
新丸子
武蔵小杉
元住吉
日吉
綱島
大倉山
菊名
妙蓮寺
白楽
東白楽
反町
横浜

東急東横線の知られざる通信簿！

項目	数値	内訳・備考
郊外率 （23区外を走る割合）	**57**%	渋谷〜新丸子10.3km 新丸子〜横浜13.9km
沿線住民の富裕度 （1㎡あたりの沿線地価平均）	**69**万円 19路線中7位	最高：渋谷駅320万円 最低：綱島駅26万円
ブランドタウン保有率 （1㎡50万円以上の駅の割合）	**21**駅中**10**駅 19路線中4位	渋谷・代官山・中目黒・祐天寺・学芸大学・都立大学・自由が丘・田園調布・多摩川・横浜
快速率 （全運行本数における快速電車の割合）	**40**%	普通208本 Fライナー24本 急行74本 通勤特急32本　特急7本 ※渋谷駅始発
接続便利度 （接続路線数）	**22**本	JR山手線、埼京線、東急田園都市線、東京メトロ日比谷線、銀座線、京王井の頭線、横浜市営地下鉄京急本線、相模鉄道本線など
ラッシュ時の混雑率	**168**% 19路線中11位	祐天寺駅→中目黒駅の混雑率 7:50〜8:50
運賃収入	**479**億**9702**万円／年 19路線中12位	首都圏の私鉄では、1kmあたり最も稼ぐ路線。国内で最も収入の多い山手線の半分に及ぶ額をたたき出す
平均通過人員	**465,720**人／日 19路線中4位	人気がある路線ゆえ、乗客も多い。1kmあたりの乗客数は国内で3番目となる。混むのは我慢するしかない……

出所：東急電鉄HP、『都市交通年報』（平成24年度版）、『鉄道統計年報』（平成24年度版）、駅地価.com

信用金庫が充実──東横線がかいまみせる庶民的な一面

渋谷から横浜までを一直線ではないものの、比較的最短距離で走る東急東横線。最近では湘南新宿ラインがライバルになっているものの、東横線沿線の住民は、別に少しでも早く渋谷や横浜に行きたくて住んでいるわけではない。たまに湘南新宿ラインを使うことはあるだろうが、これからも「東横線住民」であり続ける。

東急東横線沿線は、比較的家賃が高いことで知られている。しかし、高架線から街並みを見ると、今流行のタワーマンションが幅をきかせているということはなく、低層階のマンションや庶民的な感じの住宅が多い。築年数の古さを感じさせるマンションも多く、昔からの住宅地であることを示している。

地下駅の渋谷を出発し、代官山あたりまでは高級住宅地だ。だが、そこから先の中目黒からは、高級感があまりない。ただし、もちろんさびれているわけではなく、例えば学芸大学駅は、一般的な商店街が駅を降りたところに広がり、活気にあふれている。おしゃれではあるが、高級とはいいがたい学芸大学の路線価は、一坪あたり265・5万円だ。

このあたりで気になるところといえば、地元の信用金庫の充実ぶりである。「芝信用金庫」「城南信用金庫」など大手信用金庫が大きな店舗を構え、地域の中小企業や、自営業者などと密接な関係を持っていることをうかがわせる。この地が開けてきたのは、戦前のこと。人も、街も、そのころからの蓄積があるのだ。そういった蓄積が、自前の地域経済をつくり、信用金庫を発展させているわけだ。

渋谷区では『日本経済新聞』が最も読まれ、目黒区では『読売新聞』と『朝日新聞』の部数が拮抗している。以前は『朝日新聞』のほうが読まれていたのだが、今ではそうではなくなった。ただし、東横線沿線地域は『朝日新聞』のほうがやや強い。経済新聞よりも、一般の新聞が読まれているということは、それほどビジネスにガツガツ取り組むような富裕層は多くないということなのだろうか。案外、庶民的な一面も見せている。

この地域では、自由が丘が商業的に発展している。目黒区と世田谷区の境目あたりにある自由が丘は、地域の中心地として人気が高い。自由が丘周辺の路線価は、学芸大学の2倍弱、一坪あたり598万円。この額は御茶ノ水駅周辺の路線価よりも高い。

また、多くの駅で駅前スーパーは「東急ストア」となっており、東急系列による盤石ともいえる囲い込みが進行している。

台地になると高級住宅街

この先ではちょっとだけ世田谷区に入り、大田区田園調布へと入っていく。田園調布は、日本屈指の高級住宅街である。駅前スーパーも普通の「東急ストア」ではなく、同じ東急系列のスーパーでも高級ブランドである「プレッセ」が入っている。

このあたりは台地であり、台地の上に高級そうな一戸建てが建つという風景が見られる。作家で元都知事の石原慎太郎や、読売巨人軍終身名誉監督の長嶋茂雄の家があり、有名企業の社長なども多く暮らしている。

田園調布の開発が始まったのは、渋沢栄一らが1918年に「田園都市株式会社」を設立してからである。この会社の目的は、郊外住宅地の開発であった。この地を開発するために、目蒲線（いまの目黒線と多摩川線）や東横線がつくられた。

鉄道前提に土地を開発し、そこに人を住まわせて地域を発展させるというのは、大手私鉄の基本的なビジネスモデルである。その歴史の積み重ねの上にいまの東急グループの繁栄がある。

この地はあくまで住宅地であり、企業が入るビルなどは少ない。田園調布の路線価は一坪当たり247・5万円。自由が丘よりは低いものの、駅前から早々住宅地となるわりに高い。田園調布地区は（全域ではないが）建築物の高さが9m以内などの規定が設けられており高層マンションは建てられない。地価が高い割に低層マンションしか建てられないとなれば、いきおい家賃も割高になるし、また、高級住宅地では狭い土地が販売されないため、土地取得も大変である。

田園調布には、皇太子妃雅子さまが在籍した田園調布雙葉学園がある。この学校は当然ながら

東急とJRの駅間で延々と歩かされる武蔵小杉駅の乗り換え（所要時間約7分）

中高一貫校であり、それどころか小学校からの内部進学しか認めていないという決まりになっている。

田園調布から多摩川まで高級住宅街が続き、多摩川をすぎると、神奈川県へと入っていく。

〝主要駅〟に名乗り出た武蔵小杉

多摩川をわたって神奈川県に入ると、高層マンションやオフィスビルがどんどん増えていく。なかでも高層ビルが林立しているのは、武蔵小杉だ。武蔵小杉はこれまで東急東横線・目黒線と南武線との乗り換え駅だったのに加え、2010年には横須賀線との乗り換え駅にもなった。駅の近くには「東急スクエア」や「ららテラス」などの商業施設が多い。商業施設の充実が多くの住民を呼び込み、人口増につながっている。

そんな武蔵小杉には、当然ながら中学受験産業も目をつけている。ＳＡＰＩＸ武蔵小杉校があるのに加え、日能研も校舎を構えている。この地域の優秀な小学生は、横浜市にある聖光学院中学校や近くの慶應義塾普通部などをめざすのだろう。東横線の向かう横浜には多くの名門私立中高一貫校があり、交通の便のよさが進学への情熱に一役買っている。

武蔵小杉の新築マンション相場は上がりつつあり、家族で暮らすのに広めの80㎡のマンションは1億円に達するものもあり、平均年収では購入はむずかしい。

そこから台地に入って行くと、日吉である。日吉は、戦前に東急によって開発された住宅街であり、慶應義塾大学日吉キャンパスも、東急によって無償提供されたことによりつくられたものだ。駅西口からは放射線状に商店街が伸びている。駅前にはパチンコ店があるものの、「日吉地区唯一のパチンコ店」と掲げていることから、ハイソサエティな街であることを表している。とはいえ路線価は一坪あたり１３４・４万円と、自由が丘の約半分にまで下がる。

もちろん――というべきか、さきほどから再三で恐縮だが、日吉にはＳＡＰＩＸ日吉校がある。日能研もある。高級住宅地であることに加え、近くに名門大学である慶應義塾大学の付属校があることから、この地の中学受験熱は高いようだ。ＳＡＰＩＸは東京、神奈川に33の校舎があるが、うち８つが東急東横線・田園都市線沿線に集中している。日吉を抱える港北区は横浜市中心部よりも大卒者の多い地域であり、それだけ学歴への意識が高いのだろう。

日吉を出ると、台地の住宅街を抜け、坂を下りると菊名である。このあたりでは台地に高級な一戸建てやマンションがあり、低地には一般的な住宅がある。郊外的な雰囲気もただよい始め、駐車場完備のファミリーレストランや、大きなスーパーマーケットが目に入るようになる。電車で都会に通う生活をしている人と、自動車に乗って地元で仕事をしている人と、ふた通りの人がいるということがわかる。

住宅街の中を走り、だんだんと横浜に近づいていく。東白楽をすぎると地下線に入り、直通運転しているみなとみらい線とホームを共用する横浜へと着く。横浜というブランドタウンへの直通運転が、東横線のハイソサエティぶりを盤石にしている。

東急東横線あるある

急行・特急の満員ぶりに対して、各駅停車のガラガラぶり

武蔵小杉で降りる人を見て「新参者」と思ってしまう

特急、急行のわりに、やたら駅に停車する

東武東上線と西武池袋線の乗り入れを苦々しく思っている

東急の2大ブランド路線

東急田園都市線

路線データ

運行会社	東急電鉄	平均駅間距離	1.2km
開業年	1927年	主力車両	8500系
営業キロ	31.5km	始発	5:05(渋谷発)
駅数	27駅	終電	0:42(渋谷発)

○渋谷
○池尻大橋
○三軒茶屋
○駒沢大学
○桜新町
○用賀
○二子玉川
○二子新地
○高津
○溝の口
○梶が谷
○宮崎台
○宮前平
○鷺沼
○たまプラーザ
○あざみ野
○江田
○市が尾
○藤が丘
○青葉台
○田奈
○長津田
○つくし野
○すずかけ台
○南町田
○つきみ野
○中央林間

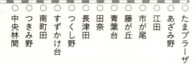

東急田園都市線の知られざる通信簿！

項目	数値	内訳・備考
郊外率 (23区外を走る割合)	**68**%	渋谷～二子新地10.1km 二子新地～中央林間21.4km
沿線住民の富裕度 (1㎡あたりの沿線地価平均)	**45**万円 19路線中10位	最高：渋谷駅320万円 最低：南町田駅17万円
ブランドタウン保有率 (1㎡50万円以上の駅の割合)	**27**駅中**7**駅 19路線中10位	渋谷・池尻大橋・三軒茶屋・駒澤大学・桜新町・用賀・二子玉川
快速率 (全運行本数における快速電車の割合)	**35**%	普通192本 急行79本 準急24本 ※渋谷駅始発
接続便利度 (接続路線数)	**15**本	JR山手線、埼京線、横浜線、東急東横線、東京メトロ銀座線、半蔵門線、京王井の頭線、横浜市営地下鉄、小田急江ノ島線など
ラッシュ時の混雑率	**185**% 19路線中14位	池尻大橋駅→渋谷駅の混雑率 7:50～8:50
運賃収入	**513**億**2635**万円／年 19路線中10位	東横線とほぼ同レベルの収入。路線が少し長い分、東横線より稼いでいる
平均通過人員	**398,099**人／日 19路線中6位	私鉄で2番目に多い。つまり、東横線と併せて東急が1、2位を独占。混雑しても高級感を維持するところは立派

出所：東急電鉄HP、『都市交通年報』(平成24年度版)、『鉄道統計年報』(平成24年度版)、駅地価.com

都内で3番目に混む私鉄路線

ラッシュ時の遅延がひどい、混雑しているというのが一般的な東急田園都市線に対するイメージだろう。実際、朝ラッシュ時の池尻大橋～渋谷間の混雑率は185％を超え、東急各線のなかでも最も混雑している路線である。都内の私鉄では3位（1位は東京メトロ東西線の木場～門前仲町間、2位は小田急線世田谷代田～下北沢間）と、あまりの混雑ぶりに、朝ラッシュ時は急行の運転をとりやめ、二子玉川～渋谷間は各駅停車の「準急」を走らせている。

また、特に乗客が通勤・通学の時間帯に集中しているわけではない。1日1㎞あたりの乗客数も東横線に次いで2位と、とにかく乗客が多い路線なのである。

この激混み路線である田園都市線の地下線が走っている区間には、もともとは路面電車があった。東急玉川線である。渋谷から二子玉川園へ向かう路線と、途中の三軒茶屋から分岐し、京王線の下高井戸へと結ぶ路線があった。三軒茶屋から下高井戸までの路線は、いまでも東急世田谷線として残っているが、1969年に渋谷から二子玉川園までの区間は廃止された。おおよそ、そのルートの地下に、いまの田園都市線がある。つまり、路面電車に起源を持つ路線と、都市開発のためにつくられた路線がひとつになったものである。乗り入れ先の半蔵門線が延伸するにつれ、渋谷の先へもアクセスしやすくなり、この線も発展していった。

二子玉川までは地下を走っているため、外の様子はわからない。その代わり、というわけではないだろうが、駅構内が美しく整っており、そして、やたらカラフルだ。ギュウギュウの列車を我慢して乗ったあとに古臭い駅に降ろされたのでは、田園都市線住民のプライドが保てないところだが、そこはさすが東急というべきか。田園都市線は都内でも屈指の稼ぎを誇るドル箱路線。稼ぎをきちんと乗客に還元している。

アニメ『サザエさん』の舞台でおなじみの桜新町で下車してみると、低層の住宅街が広がっている。大きな駅前スーパーといったものもない。ちなみに、よくいわれることだが、世田谷の桜新町で庭付きの一戸建てというのはかなりぜいたくなくらしである。桜新町の路線価は一坪あたり217・6万円。仮に30坪としても、土地代だけで6000万円を優に超える。

桜新町から用賀を過ぎ、二子玉川の直前で、地上に出る。このあたりから車窓がにぎやかになり、商業地として多くの人を集めている。高島屋があるだけではなく、再開発によってつくられた二子玉川ライズはショッピングセンターだけではなく、オフィスやマンションも一体になっており、楽天の本社もある。路線価は一坪あたり170・2万円。

教育熱心な丘陵地帯

多摩川を渡り、眼下に住宅街がひろがると、武蔵溝ノ口。JR南武線との乗り換え駅だ。ここからは台地の、いかにも高級そうな住宅街が立ち並ぶエリアとなる。少し横道にそれるが、南武線というと郊外を走る路線の印象が強い。しかし実は朝のラッシュ時、田園都市線を上回る混雑時195％（武蔵中原〜武蔵小杉）に達する激混み路線だ。南武線沿線で最も1LDKの家賃相場が高いのは武蔵小杉、次いで武蔵溝ノ口。つまり、東急線との乗り換え駅だ。南武線沿線住民にとって、渋谷に出るには東急との乗り換えが速かったが、2011年、武蔵小杉でJR横須賀線との乗り換えが可能となり、風向きが変わる。〝半〟田園都市線住民からJR沿線住民となるのか、決断を迫られたことだろう……。

その後、いったん川崎市をはさむが、たまプラーザのある横浜市青葉区に入ると様相が一変する。たまプラーザの駅前にある書店・有隣堂では「小学校受験フェア」をやっており、教育熱心な土地のようだ。しかも、扱っている小学校の過去問題集の中には、筑波大学附属小学校のように、この地域から通うのは難しい難関小学校のものもある。もちろん、小学・中学進学大手のSAPIXがあり、地域の大卒率は全国トップレベルで、5割を超える。

このあたりを歩くと、周りの商業施設がほとんど東急関連で占められていることに気づくだろう。実は、この地の開発も東急によって行われた。梶が谷から中央林間までの間は、東急主導の「多摩田園都市」と通称される開発計画によって開かれた地域である。1956年から開発が開始され、1966年に田園都市線が開業、開発はさらに進んでいった。そして今日も、整った、きれいな街並みを、田園都市線の電車は走っていく。時間をかけて整備されたニュータウンのため、急激な高齢化が進行せず、若い母親の姿もよく見かける。駅によっては、鷗友学園女子中高や海城中高、攻玉社中高などの東京都内の有名進学校の広告が掲示されており、進学への意識が高いということを改めてうかがわせる。

商業施設の充実、都心へのアクセスの便利さ、すぐれた教育環境、それらが一体化して田園都市線の人気を高める。田園都市線は、東急によって世界観がつくられた32㎞に及ぶテーマパークだ。だからこそ多くの人の支持を集め、ここに住まいを選ぶ人が多く存在するのである。混雑時間帯にはそっと目をつぶり、下車後に見るきれいな街並みに思いをはせてしのぐしかない。

東急田園都市線あるある

帰り、二子玉川を過ぎると乗客同士、何か連帯感がある

たまに新玉川線と呼ぶ人がいるが、なぜなのかわからない

東武の車両が来たときに、少し損した気持ちになる

二子玉川で見る夕日にはなぜか、ホッとする

西武新宿線

可もなく不可もない私鉄の平均路線

路線データ

運行会社	西武鉄道	平均駅間距離	1.6km
開業年	1894年	主力車両	2000系
営業キロ	47.5km	始発	5:01(新宿発)
駅数	29駅	終電	0:46(新宿発)

西武新宿 — 高田馬場 — 下落合 — 中井 — 新井薬師前 — 沼袋 — 野方 — 都立家政 — 鷺ノ宮 — 下井草 — 井荻 — 上井草 — 上石神井 — 武蔵関 — 東伏見

西武柳沢 — 田無 — 花小金井 — 小平 — 久米川 — 東村山 — 所沢 — 航空公園 — 新所沢 — 入曽 — 狭山市 — 新狭山 — 南大塚 — 本川越

西武新宿線の知られざる通信簿！

項目	数値	内訳・備考
郊外率 （23区外を走る割合）	**68**％	西武新宿〜東伏見　15.3km 東伏見〜本川越　32.2km
沿線住民の富裕度 （1㎡あたりの沿線地価平均）	**39**万円 19路線中12位	最高：西武新宿駅164万円 最低：新狭山駅・南大塚駅14万円
ブランドタウン保有率 （1㎡50万円以上の駅の割合）	**29**駅中**6**駅 19路線中12位	西武新宿・高田馬場・下落合・中井・新井薬師前・沼袋
快速率 （全運行本数における快速電車の割合）	**55**％	普通　141本 急行　112本 準急　31本 特急　27本 ※西武新宿駅始発
接続便利度 （接続路線数）	**19**本	ＪＲ山手線、都営大江戸線、東京メトロ丸ノ内線、東西線、西武拝島線、西武国分寺線、西武園線、西武池袋線など
ラッシュ時の混雑率	**155**％ 19路線中7位	下落合駅→高田馬場駅の混雑率 7：37〜8：36
運賃収入	**433**億**2557**万円／年 19路線中13位	路線の距離が2分の1ほどの東急東横線と同程度の収入。1キロあたりだと東横線の3分の1ほどにとどまる
平均通過人員	**155,302**人／日 19路線中14位	西武池袋線より1割弱ほど乗客が多い。新宿と池袋の土地の差が出ているようだ

出所：西武鉄道HP、『都市交通年報』（平成24年度版）、『鉄道統計年報』（平成24年度版）、駅地価.com

西武新宿と高田馬場を使い分け

池袋線と並んで西武鉄道の主要路線である西武新宿線は、東京都新宿区の西武新宿から埼玉県川越市の本川越までの47・5㎞を結んでいる。

同路線における乗降人員最多の駅は、ＪＲ山手線や東京メトロ東西線に接続する高田馬場駅で、28万９０００人となっている。２位は西武新宿であるが、17万２０００人と10万人以上の開きがある。起点であり「新宿」の名を冠しているとはいえ、駅は歌舞伎町にあり、ＪＲ新宿とは完全に〝別物〟。乗り換え客にとっては高田馬場の方が圧倒的に利便性が高いことが原因だろう。

だが、通勤や通学で新宿線を利用する人の中には、そんな西武新宿の〝不人気さ〟を帰り道に利用する人もいる。

たとえば、勤務先が山手線沿線である場合、帰りに高田馬場で新宿線に乗り換え、一度上り電車で西武新宿まで行ってから、座れる始発電車に座るという方法だ。また、帰宅時は朝と比べると時間に余裕があるため、新宿で下車して西武新宿まで歩く人もいる。

そして、これに目を付けた西武鉄道は、２００９年より1枚のＰＡＳＭＯでＪＲ高田馬場－ＪＲ新宿間と西武新宿が利用可能となる特殊連絡定期券（「Ｏｎｅだぶる♪」）を販売開始。これにより、朝急いでいるときは高田馬場でＪＲに乗り換え、仕事が終わったらＪＲ新宿で下車して西武新宿から座って帰るという通勤方法がスムーズになった。価格も通常の定期券に1000～1500円程度上乗せされるだけなので、毎日余分な料金を支払うことを考えればかなりお得といえるだろう。

全般的に池袋線より地価が高い

そんな玄人ならではの乗り方がある新宿線だが、平均通過人員は15万5302人で、同じ西武鉄道で駅数と営業キロでは上回り、地下鉄有楽町線と副都心線への乗り入れもある池袋線よりも多い。この要因として考えられることは、主に2つある。

ひとつは、沿線のブランドタウン（周辺の地価が1㎡あたり50万円以上の駅）の数だ。池袋線が31駅中2駅であるのに対し、新宿線は29駅中6駅となっている。新宿線は下落合から所沢で接続するまで、線路が池袋線と平行するような形状となっているが、23区内の沿線自治体を見ると、池袋線がほぼ豊島区と練馬区である一方、新宿線は新宿区、中野区、杉並区の人気エリアを経由してから練馬区に入る。

新宿線のブランドタウン6駅の内訳は、西武新宿（164万円／㎡）、高田馬場（105万5000円／㎡）、下落合（61万3000円／㎡）、中井（59万5500円／㎡）、新井薬師前（62万7000円／㎡）、沼袋（53万円／㎡）だ。

しかも、沼袋以西も新宿線の方が地価が高く、本川越に至るまで10万円／㎡を割り込む駅がひとつもない。そればかりか、本川越の地価は23万1000円で、池袋線の都内の駅・清瀬（22万1000円）よりも高い。

このように新宿線は、地価を見る限りでは全線に渡って池袋線よりも人気の高いエリアが揃っているのだ。

学生や川越への観光客による利用が大きい

もうひとつ、池袋線と比べて利用者が多い要因として考えられるのが、沿線に住む学生の多さであろう。沿線大学の数は目立って多いわけではないのだが、早稲田大学の学生は高田馬場を〝庭〟としている。

通常、規模の大きい大学はキャンパスが分散していることがほとんどであるが、早稲田大の場合は約5万人の学生のほとんどが早稲田周辺に集中しているのが特徴だ。そのため、地方出身の早稲田大の学生は早稲田ならびに高田馬場へのアクセスを考え、都内では比較的家賃の安い西武新宿線沿線に住む傾向が強いのである。5万人も学生を抱える大学を擁していれば、利用者数に一定の影響を与えていると考えるのが自然だろう。

また、都心部から観光地へ電車1本でアクセスできる点も見逃せない。先ほど本川越の地価の高さに触れたが、「小江戸」とも呼ばれる川越は古い街並みが現在でも残されており、川越市内の文化財の数は関東地方で神奈川県鎌倉市、栃木県日光市に次ぐ3位である。

ゆえに、埼玉県内ではもっとも集客力のある観光地のひとつとなっており、過去にNHKの大河ドラマ（「春日局」「義経」など）や連続テレビ小説（「つばさ」）の舞台となった際には西武鉄道も積極的にキャンペーンを行い、例年にも増して多くの観光客が同市を訪れている。ちなみに、2007年には天皇・皇后両陛下が来日したスウェーデン国王夫妻に「日本の代表的な街並み」として川越市内を案内するため、西武新宿線を利用したお召し列車（レッドアロー号の車両を使用）が走ったこともある。

西武新宿線あるある

主に西武新宿駅を利用するのは座って帰りたいサラリーマン
高架化が進んでいないため、朝夕は万里の長城と化している
相互乗り入れがない不便さを、「孤高の路線」といってごまかす
他社線との接続は2駅だけなのに学生を中心に人気がある

西武池袋線

田舎を逆手に取り緑を生かす

路線データ

運行会社	西武鉄道	平均駅間距離	1.9km
開業年	1915年	主力車両	10000系
営業キロ	57.8km	始発	5:00（池袋発）
駅数	31駅	終電	0:45（池袋発）

○池袋 ○椎名町 ○東長崎 ○江古田 ○桜台 ○練馬 ○中村橋 ○富士見台 ○練馬高野台 ○石神井公園 ○大泉学園 ○保谷 ○ひばりヶ丘 ○東久留米 ○清瀬 ○秋津

○所沢 ○西所沢 ○小手指 ○狭山ヶ丘 ○武蔵藤沢 ○稲荷山公園 ○入間市 ○仏子 ○元加治 ○飯能 ○東飯能 ○高麗 ○武蔵横手 ○東吾野 ○吾野

西武池袋線の知られざる通信簿!

項目	数値	内訳・備考
郊外率 (23区外を走る割合)	**76**%	池袋～保谷14.1km 保谷～吾野43.7km
沿線住民の富裕度 (1㎡あたりの沿線地価平均)	**26**万円 19路線中16位	最高:池袋駅119万円 最低:吾野駅2.5万円
ブランドタウン保有率 (1㎡50万円以上の駅の割合)	**31**駅中**2**駅 19路線中16位	池袋・椎名町
快速率 (全運行本数における快速電車の割合)	**51**%	普通162本 急行85本 準急73本 快速9本 ※池袋駅始発
接続便利度 (接続路線数)	**14**本	JR山手線、武蔵野線、八高線、東京メトロ有楽町線、副都心線、都営大江戸線、西武新宿線、東武東上線など
ラッシュ時の混雑率	**157**% 19路線中8位	椎名町駅→池袋駅の混雑率 7:25～8:24
運賃収入	**494**億**5337**万円／年 19路線中11位	西武新宿線より路線が10kmほど長い分、収入も多い。ただし、1割強多いだけだ
平均通過人員	**144,435**人／日 19路線中17位	同じ池袋を始発する東武東上線には乗客数で惨敗。4分の3程度にとどまる

出所:西武鉄道HP、『都市交通年報』(平成24年度版)、『鉄道統計年報』(平成24年度版)、駅地価.com

田舎臭さの原因となる「過去の十字架」

私鉄第4位の176・6㎞という長大な路線網を有する西武鉄道は、2012年に創立100周年を迎えた。100年ほど前、小さな鉄道会社が乱立し、それらは歳月を経て西武鉄道というひとつの私鉄にまとまった。

西武の主要二大路線は新宿線と池袋線だが、2014年度の駅別乗降人員数を比較すると、池袋駅が約47万8000人で1位。2位の高田馬場駅は約28万9000人、3位の西武新宿駅は約17万2000人。高田馬場駅と西武新宿駅を足しても、池袋駅には及ばない。

西武100年の歴史は、池袋線の前身・武蔵野鉄道が設立された1912年から起算されている。また、乗降者数からもわかるように、池袋駅は西武にとって牙城ともいえる街で、いまや西武グループから袂を分かった西武百貨店の本店も池袋にある。

しかし、実際に新宿線と池袋線の沿線を比較してみると、残念ながら新宿線の方が常に不動産情報誌などで取り上げられる〝住みたい街〟ランキングで上を行き、池袋線は下位に沈む傾向にある。さらに、平均通過人員も14万4435人で、同じ池袋を始発する東武東上線（19万124人）に惨敗するなど、沿線に人気があるとはお世辞にもいえず、利用者も大した数字ではないという、なんとも微妙な路線なのだ。

いまひとつ池袋線の人気が高まらない理由のひとつとして考えられるのが、同路線が抱える「過去」である。実は戦前から終戦直後にかけて、池袋線では都民の糞尿を埼玉の農地へ運び、都内へ戻る際は農村で獲れた農作物を乗せて運ぶ列車が運行されていたことがあった。一部では糞尿を意味する「黄金列車」と揶揄され、田舎っぽいというイメージが定着。同時期、新宿線も「黄金列車」を走らせていたが、新宿線が小江戸川越に行くのに対し、池袋線は秩父に向かう。この差がより田舎イメージをもたらした。

そのため、大正末期から昭和初期にかけて東京高等師範学校（現・筑波大学）や東京第一師範学校（現・東京学芸大学）を誘致しようとして周辺地域を碁盤の目にするなど大規模な開発を進め、町名ならびに駅名まで変えた大泉学園だが、そうした「黄金」のイメージが敬遠されたのか、あえなく両校の誘致に失敗した。

今でこそ松本零士をはじめとする大御所漫画家が多く居住していたり、日本におけるアニメ発祥の地として文化的に洗練されたイメージのある大泉学園駅周辺だが、「学園」という地名・駅名が付けられた背景には、こうした残念なエピソードがあるのだ。

駅の壁面緑化事業が急速に進む

糞尿や農作物の輸送という重い〝十字架〟を背負っている西武池袋線の沿線は、地上線区間が多いことが特徴だった。これは池袋線に限らず、新宿線にもあてはまる。

ところが、池袋線では近年になって高架化工事に着手した。これは輸送力を強化するために複々線化を進めるために高架化が必須になったことと、従来から問題視されていた「開かずの踏切」を解消するためだといわれている。実際、東京都は池袋線が高架化したことで、慢性的に交通渋滞が起きていた都道444号線の渋滞が解消されたとしている。

高架化の推進とともに、西武鉄道は2007年から系列会社の西武造園とタッグを組んで、〝緑のネットワーク〟と称したステーション緑化事業に力を入れるようになった。西武造園は壁面緑化の技術をウリにして、駅舎のみならず駅構内・ホーム、隣接するショッピングセンターまで、いたるところで緑化を試行している。

特に西武造園は東長崎に本社を構えていることもあって、池袋線沿線はステーション緑化の重点路線になっている。池袋線でステーション緑化に取り組んだ駅は、池袋・椎名町・江古田・練馬高野台・石神井公園・大泉学園・保谷・東久留米・所沢・小手指・入間市など。なかでも特筆すべきは練馬高野台駅に隣接するショッピングセンター「エミオ」で、西武造園が壁面緑化のモデルケースとしているほど、緑を駅空間にもたらしている。

池袋線が通る東京都練馬区の緑被率は25・4％もあり、これは東京23区では最も高い割合になっている。練馬区の高い緑被率は行政主導でつくられた公園だけではなく、民間所有の屋敷林、農地などにもよるのだが、以前であればこれらは田舎をイメージさせるもので、緑の〝ブランド化〟は進んでいなかった。

ところが、バブル崩壊や人口減少社会といった時代の転換期にあたり、次第に自然は見直される風潮が高まる。今般、自然豊かな環境が都会にも求められるようになり、ステーション緑化によって、沿線イメージの向上に努める西武池袋線。池袋線はもともと持つ自然という財産を武器にして、沿線のブランド価値を創出しようとしている。

西武池袋線あるある

着手された高架化工事に「ようやくか」とつっこむ

実は所沢のひと駅手前・秋津までは都内

西武百貨店が安くなるので沿線住民はとりあえずライオンズを応援

「大泉学園」という地名・駅名は大学誘致失敗の名残

小田急線

通勤・通学と観光路線の合体路線

路線データ

運行会社	小田急電鉄	平均駅間距離	1.8km(1.75km)
開業年	1927年	主力車両	4000形
営業キロ	82.5km	始発	5:00(新宿発)
駅数	47駅	終電	0:52(新宿発)

新宿 — 南新宿 — 参宮橋 — 代々木八幡 — 代々木上原 — 東北沢 — 下北沢 — 梅ヶ丘 — 世田谷代田 — 豪徳寺 — 経堂 — 千歳船橋 — 祖師ヶ谷大蔵 — 成城学園前 — 喜多見 — 狛江

和泉多摩川 — 登戸 — 向ヶ丘遊園 — 生田 — 読売ランド前 — 百合ヶ丘 — 新百合ヶ丘 — 柿生 — 鶴川 — 玉川学園前 — 町田 — 相模大野 — 小田急相模原 — 相武台前 — 座間 — 海老名

厚木 — 本厚木 — 愛甲石田 — 伊勢原 — 鶴巻温泉 — 東海大学前 — 秦野 — 渋沢 — 新松田 — 開成 — 栢山 — 富水 — 螢田 — 足柄 — 小田原

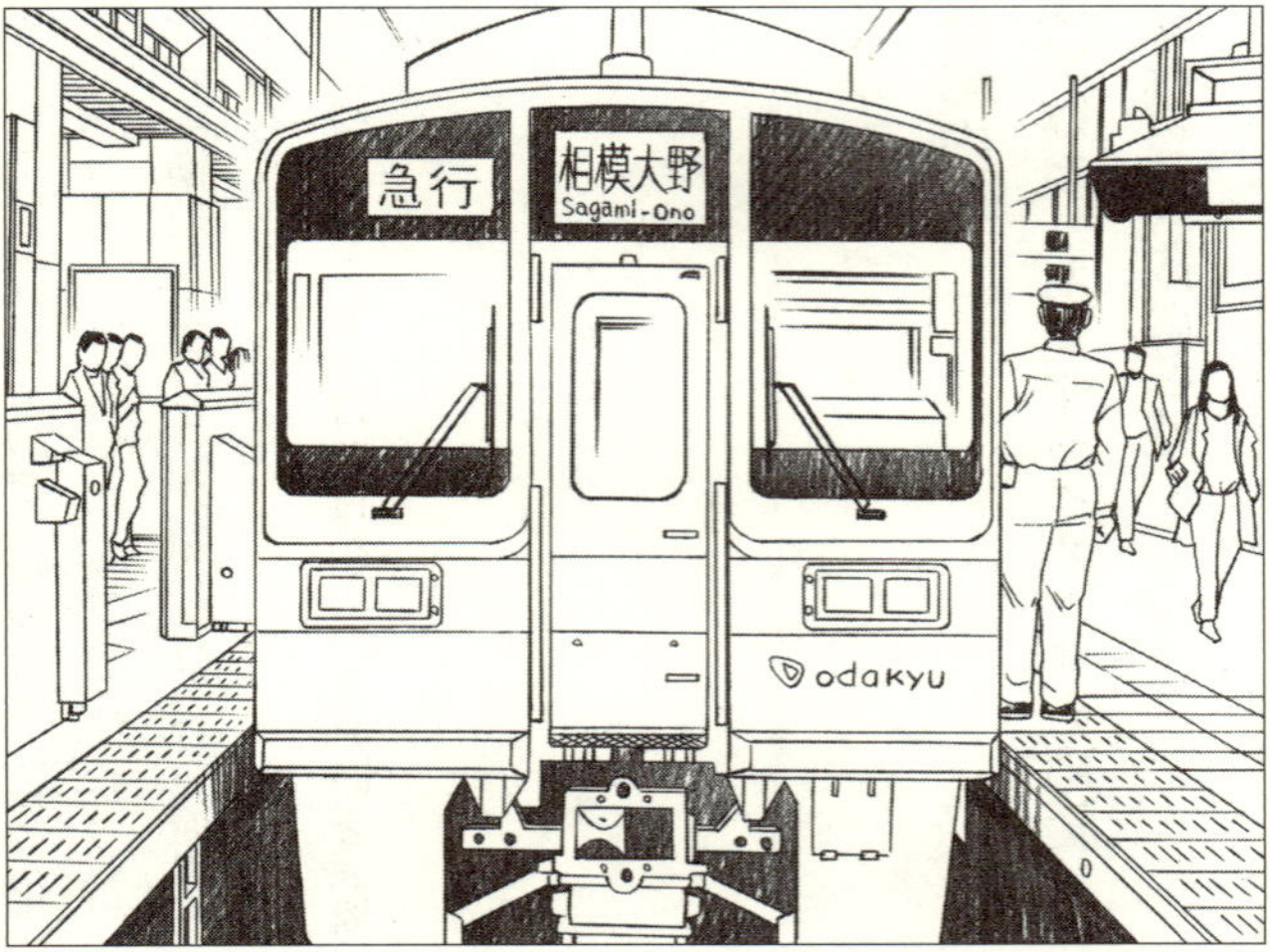

小田急小田原線の知られざる通信簿！

項目	数値	内訳・備考
郊外率 （23区外を走る割合）	**83**%	新宿〜狛江間13.8km 狛江〜小田原駅68.7km
沿線住民の富裕度 （1㎡あたりの沿線地価平均）	**41**万円 19路線中11位	最高：新宿駅321万円 最低：渋沢駅9万円
ブランドタウン保有率 （1㎡50万円以上の駅の割合）	**47**駅中**13**駅 19路線中9位	新宿・南新宿・参宮橋・代々木八幡・代々木上原・東北沢・下北沢・世田谷代田・梅ヶ丘・豪徳寺・経堂・千歳船橋・祖師ヶ谷大蔵
快速率 （全運行本数における快速電車の割合）	**61**%	普通134本 急行100本 快速急行56本 特急48本　準急4本 ※新宿駅始発
接続便利度 （接続路線数）	**25**本	JR中央線、山手線、埼京線、小田急多摩線、東京メトロ千代田線、都営大江戸線、西武新宿線、京王線など
ラッシュ時の混雑率	**189**% 19路線中16位	世田谷代田駅→下北沢駅の混雑率 7:46〜8:48
運賃収入	**1113**億**2254**万円／年 19路線中4位	特急ロマンスカーが走っており、その分の稼ぎがあるため、私鉄路線のなかでは最も収入が多い
平均通過人員	**278,642**人／日 19路線中8位	同じ新宿駅始発の西武新宿線の2倍弱の乗客数。常に混雑している路線の1つだ

出所：小田急電鉄HP、『都市交通年報』（平成24年度版）、『鉄道統計年報』（平成24年度版）、駅地価.com

一大観光地を擁する激混み通勤列車

小田急電鉄は日本最大のターミナル・新宿駅を拠点にしている。

かつて、といっても1920年代までさかのぼるが、平河町5丁目〜小田原間を結ぶ路線の計画があった。ところが、鉄道省の旅客課長だった生野団六から「これからは、新宿が一番の街になる。だから、新宿に駅をつくったほうがよい」とのアドバイスを受けて、創業者・利光鶴松は方針を転換。新宿〜小田原の建設を目指す。

そして2014年、新宿駅の乗車人員はJRが約74万8000人、小田急が約24万8000人にも及ぶまでになった。これほどまでの発展を生野は想定していなかっただろうが、生野のアドバイスを受け入れて新宿を小田急線の起点としたことは、まったくもって正解だった。

小田急は新宿という巨大ターミナルに加え、一大観光地・箱根とともに成長してきた。観光地を擁しながら、通勤列車としても活躍する路線は珍しい。実際、小田急線は世田谷代田〜下北沢間で朝の混雑率189%、私鉄では東京メトロ東西線に次ぐ激混み路線である。加えて通勤時間帯の1時間の間に運ぶ乗客は1日に約7万2000人。この人数を超えるのは、東急田園都市線（約7万8000人）、東京メトロ東西線（約7万7000人）、千代田線（約7万3000人）だけである（いずれも2014年度）。1日1㎞あたりの乗客数も27万人と私鉄トップクラスだ。

ロマンスカーが小田急のブランドをつくる

そんな日本屈指の通勤路線と温泉は一瞬頭のなかで結びつかなくもないが、それでも箱根でゆっくりとしたいと思ったとき、頭に思い浮かべるのは、小田急ロマンスカーだろう。小田急ロマンスカーは日本を代表する特急列車といっても過言ではなく、また、これからも観光特急をリードする存在として君臨している。

鉄道会社の経営としては、特急料金は〝付加価値〟によって利益を生み出す大切なものだ。小田急線はロマンスカーを運行していることから、大手私鉄の路線のなかで最も売上高の高い路線（年間1113億円：2012年度）となっている。

こうして、小田急に売上と沿線ブランドを生み出したロマンスカーだが、その歴史は結構古く、1935年のことだ。当時、まだロマンスカーという愛称はついておらず、新宿〜小田原間をノンストップで走る小田急の電車は「週末温泉急行」と呼ばれていた。

ロマンスカーという名称は小田急の専売特許ではなく、もともとはロマンスシートのある特急列車ぐらいの意味合いで使われていた。ロマンスカーの嚆矢も小田急というわけではなく、東武鉄道や京阪電鉄などの方が早くからロマンスカーを運行していた。しかし、小田急の特急列車への注力ぶりから、次第に「ロマンスカーといえば、小田急」という意識が定着した。それは、現在でも続いている。特に、2006年に登場した50000形VSEが与えたインパクトは大きかった。当時、観光専用の特急車両は運用上非効率という風潮が高まっていたが、この車両の登場で、ロマンスカーは復権を果たす。鉄道ファンのみならず箱根への観光客からも絶大な支持を受けることになり、「やっぱりロマンスカーといえば小田急」を再認識されることになった。

こうした小田急電鉄のロマンスカーへの愛情が、小田急沿線のブランド化に多大な影響を与えていることは間違いない。仕事に追われるビジネスパーソンのなかには、「俺はいつだって温泉に行くことができるんだ!」と、目の前を駆け抜けるロマンスカーを見ながら自分にいい聞かせている人もいるだろう。

また、特急はなにも箱根に行くためだけのものではない。多摩ニュータウンを筆頭に、小田急沿線には昭和40年代以降に開発されたニュータウンが点在している。そうした住民のために、現在は特急専用車両を使った通勤特急「ホームウェイ」なども運行するなど、観光のみならず通勤でもロマンスカーが活躍。2008年からは、東京メトロ千代田線に乗り入れするロマンスカーまで登場した。小田急のロマンスカーは自社線内だけではなく、縦横無尽に他社の路線も疾走しているのだ。

もちろん、箱根とロマンスカーに頼り切りなわけではない。沿線の地価が1㎡50万円を超える駅が13駅もある。この数は、都営三田線に次いで2番目に多い。都営三田線は、23区内のブランドタウンに停車〝するようになった〟だけだが、小田急線の場合は、開業が1927年と老舗路線。まさに小田急線の成長とともにブランドタウン化した沿線地域が多い。これぞ、真の実力といえよう。

高級住宅地を経て、国内テーマパーク・遊園地入場者数11位のよみうりランドの最寄り駅である読売ランド前、「若者に人気の駅」6位にランクされる町田（住友不動産販売調べ）など活気ある街を経て、老若男女すべからく大好きな温泉へ向かう。実に懐の深い路線である。

小田急線あるある

平日、下り列車に乗り込む姿がうらやましい

ロマンスカーがかっこいい。けど、出っ歯にも見える

相模大野から西へ行ったことがない

代々木上原で座れるようになるけど、時すでに遅し

東武東上線

埼玉特有の自虐性を発揮する路線

路線データ

運行会社	東武鉄道	平均駅間距離	2.0km
開業年	1914年	主力車両	50000系
営業キロ	75.0km	始発	5:03(池袋発)
駅数	38駅	終電	0:45(池袋発)

池袋
北池袋
下板橋
大山
中板橋
ときわ台
上板橋
東武練馬
下赤塚
成増
和光市
朝霞
朝霞台
志木
柳瀬川
みずほ台
鶴瀬
ふじみ野
上福岡
新河岸
川越
川越市
霞ケ関
鶴ケ島
若葉
坂戸
北坂戸
高坂
東松山
森林公園
つきのわ
武蔵嵐山
小川町
東武竹沢
男衾
鉢形
玉淀
寄居

東武東上本線の知られざる通信簿！

項目	数値	内訳・備考
郊外率 （23区外を走る割合）	**83**%	池袋～和光市間12.5km 和光市～寄居間62.5km
沿線住民の富裕度 （1㎡あたりの沿線地価平均）	**22**万円 19路線中19位	最高：池袋駅119万円 最低：男衾駅2.8万円
ブランドタウン保有率 （1㎡50万円以上の駅の割合）	**38**駅中**3**駅 19路線中15位	池袋・北池袋・下板橋
快速率 （全運行本数における快速電車の割合）	**49**%	普通162本 急行60本 準急68本　快速15本 TJライナー13本 ※池袋駅始発
接続便利度 （接続路線数）	**14**本	JR埼京線、湘南新宿ライン、山手線、武蔵野線、川越線、八高線、東京メトロ丸ノ内線、有楽町線、副都心線、西武池袋線、新宿線、東武越生線、都営地三田線、秩父鉄道本線
ラッシュ時の混雑率	**137**% 19路線中2位	北池袋駅→池袋駅の混雑率 7:30～8:30
運賃収入	**561**億**9977**万円／年 19路線中8位	首都圏私鉄では長い路線だが、収入では7番手あたりを行ったり来たりしている
平均通過人員	**190,124**人／日 19路線中12位	同じ池袋始発の西武池袋線より45万人ほど多い。その割に稼ぎは少ないが……

朝のラッシュが他の私鉄と比べると平和

東武鉄道の池袋駅が開設されたのは、1914年。当時は、東上鉄道という別会社だった。東上鉄道は東京と上州（群馬県）を結ぶことを設立趣旨にしていたが、上州に到達することなく今に至っている。東上線は「本線」と名乗りつつ東武の他路線と接続していないが、これは経営不振の東上鉄道に泣きつかれた東武鉄道が1920年、合併により救済したからである。

ともあれ東上線の中心駅である池袋駅の1日の乗降者数は約47万人。一方、JR池袋駅は乗車人員が約55万人を数え、全国のJRの駅でも2位の数字だ。JRは乗車人員なので、乗降客数だとおおよそ2倍と考えられるが、複数の路線が乗り入れるJRに対し、東上線1本でJRの半分ほどの人数が利用する東武池袋駅は大健闘といえる。

東武東上線は豊島区から板橋区を抜け、そのまま埼玉県へと走っていく。埼玉県に入ると和光市や朝霞市、新座市、志木市などを走るが、このあたりは東京のベッドタウンとしての趣が強く、川越市駅までがおおむね通勤圏ということができるだろう。

沿線は庶民的な街が広がる、どちらかといえば田舎っぽい風景といえるのだが、そうした沿線イメージがつくられるのは終戦直後だ。1946年、東上線の沿線はサツマイモの産地であったことから、いつしか〝いも電車〟と呼ばれるようになる。利用者の多くは、埼玉県方面から池袋へと食料の買い出しに来る人々で、食糧難だったこともあり東上線に利用客が殺到。もはや危険なレベルと判断したGHQが、進駐軍に乗車禁止の通達を出すほどだった。今では、朝のラッシュ時は137％（北池袋～池袋）にとどまり、首都圏の路線としては比較的平和なものである。

ツメが甘いブランド化戦略

〝いも電車〟のイメージが現在の東上線の野暮ったさにつながっているわけだが、戦前の東上線は必ずしも〝田舎風情〟の電車ではなかった。東上線は時代を先取りして、1929年には全線の電化工事を完了させている。しかし、そこが東武のツメの甘さか、電車を用意できなかったのか蒸気機関車の運転が続けられた。1959年にようやく蒸気機関車の運転が終了。しかし、蒸気機関車の貨物列車の運転は続いており、1986年にようやく終了を迎える。

東武が東上線沿線イメージ向上を進めようとして着手したブランド化戦略は、電化だけではない。昭和初頭から、沿線開発に乗り出してブランド化に努めていた。

東武は上板橋村の土地を約8万坪買収。さらに1935年、隣接して武蔵常盤台（現・ときわ台）駅を開設。同時に武蔵常盤台駅を中心にして宅地造成を開始した。しかし、東京圏の私鉄各社がこぞって沿線開発を進める中、東武の常盤台はすこし特殊だった。沿線開発の計画を内務省に委ねていたのだ。当時、最強官庁との呼び声が高かった内務省主導で開発が進められた常盤台は、現在でも高級感漂う雰囲気と景観を残す街並みとなっている。こうして、東上線にも田園調布や成城学園のような高級住宅街がつくられようとしていたが……結局、東上線の宅地開発は残念ながら駅前のごく一部の区画にとどまった。

そんな〝いも電車〟から脱却しようとして失敗した過去など、自虐的にならざるをえない歴史があるわけだが、そんな昔の話を知らずとも沿線の主要都市が埼玉県内で3番目の川越市のみという微妙さが、埼玉特有の自虐に拍車をかける。同様に埼玉県を走る埼京線や京浜東北線は都内に入るといくつものターミナルを経て終点に向かうが、東上線は池袋止まり。ゆえに「埼玉の田舎のほう」の密度が濃くなる。西武池袋線も似たような境遇にあるが、「池袋」線と「東上」線という命名の差が自虐具合の決定打となっているのではないだろうか。

他路線に比べ大きく後れをとってきたが、終点の池袋駅に47万人が乗り降りするだけあって、人は多い。現在も東上線沿線では郊外型ショッピングセンター（ららぽーと富士見）なども次々にオープンしている。さんざん野暮ったいといわれてきた東上線だが、誤解を恐れずにいわせてもらう――実はこれからの路線なのだ。

ちなみに、1999年に開業したふじみ野駅には日本初の大型アウトレットモール「リズム」がオープンするなど、時代に先駆けた都市開発も着手されていた。しかし、ここでもブランド化は失敗。リズムは客足が奮わなかったことと老朽化を理由に、2011年に閉鎖。しかし現在、イオン系のショッピングセンターにリニューアルされ、「クイーンズ伊勢丹」が出店するなど、高級化路線の兆しが……と思いきや、全体的には庶民的なテナント構成だ。

庶民的な大型ショッピングセンターや大型ホームセンター、ファストファッション店、ファミリーレストランの開業、これは東上線がほぼ国道254号線（川越街道）と並行しているからで、「ファスト風土化」は東上線の影響というよりも、川越街道の影響といえるかもしれない。川越街道の呪縛を解き、30年後、一躍「住みたい路線」に躍り出ることはできるだろうか。

東武東上線あるある

遊ぶにしても、買い物に行くにしても、拠点は池袋になりがち
止まってしまってからの復旧が遅い気がする
都内私鉄屈指の距離の長さゆえ、急行での席取りに必死
なぜ、「本線」なのか、乗っている人もよく知らない

京成線

スカイライナー走るも庶民派継続中

路線データ

運行会社	京成電鉄	平均駅間距離	1.6km
開業年	1912年	主力車両	3700形
営業キロ	69.3km	始発	5:03(上野発)
駅数	42駅	終電	0:21(上野発)

京成上野 ○ 日暮里 ○ 新三河島 ○ 町屋 ○ 千住大橋 ○ 京成関屋 ○ 堀切菖蒲園 ○ お花茶屋 ○ 青砥 ○ 京成高砂 ○ 京成小岩 ○ 江戸川 ○ 国府台 ○ 市川真間 ○ 菅野 ○ 京成八幡 ○ 鬼越 ○ 京成中山 ○ 東中山 ○ 京成西船 ○ 海神 ○ 京成船橋 ○ 大神宮下 ○ 船橋競馬場 ○ 谷津 ○ 京成津田沼 ○ 京成大久保 ○ 実籾 ○ 八千代台 ○ 京成大和田 ○ 勝田台 ○ 志津 ○ ユーカリが丘 ○ 京成臼井 ○ 京成佐倉 ○ 大佐倉 ○ 京成酒々井 ○ 宗吾参道 ○ 公津の杜 ○ 京成成田 ○ 空港第2ビル ○ 成田空港

京成本線の知られざる通信簿！

項目	数値	内訳・備考
郊外率 （23区外を走る割合）	**76**%	京成上野〜国府台間16.4km 国府台〜成田空港間52.9km
沿線住民の富裕度 （1㎡あたりの沿線地価平均）	**23**万円 19路線中18位	最高：京成上野駅115万円 最低：東成田駅・空港第2ビル駅2万円
ブランドタウン保有率 （1㎡50万円以上の駅の割合）	**42**駅中**2**駅 19路線中19位	京成上野・日暮里
快速率 （全運行本数における快速電車の割合）	**36**%	普通146本　快速10本 快速特急3本　特急29本 アクセス特急7本　イブニングライナー7本　スカイライナー25本　※京成上野駅始発
接続便利度 （接続路線数）	**28**本	JR山手線、総武線、京浜東北線、常磐線、東京メトロ銀座線、日比谷線、都営新宿線など
ラッシュ時の混雑率	**133**% 19路線中1位	大神宮下駅→京成船橋駅の混雑率 7:20〜8:20
運賃収入	**378**億**3165**万円／年 19路線中15位	新宿、池袋発の私鉄と比べると劣るが、乗客数の割に収入は多い。スカイライナー効果だ
平均通過人員	**108,576**人／日 19路線中19位	乗客数は2分の1

出所：京成電鉄HP、『都市交通年報』（平成24年度版）、『鉄道統計年報』（平成24年度版）、駅地価.com

都内を走る路線のなかで、とにかく土地が安い

京成本線は上野から成田空港までを結ぶ69・3㎞の、首都圏私鉄のなかでは比較的長めの路線だ。23区外を走る割合が76％と高く、かつ千葉のイメージが強いため、あまり都会的な印象がないかもしれない。しかし実は23区内を走る距離（16・4㎞）が、地下鉄をのぞく私鉄のなかで最も長い路線である。

とはいえ、都会的ではない、という印象がくつがえるわけではない。京成上野から国府台に行く間に、台東区、荒川区、足立区、葛飾区、江戸川区の5つ、いわゆる東京の下町を走る。ほかの路線と比べ沿線にビジネス街が少なく、朝のラッシュ時は133％と平和な通勤が可能だ。これより低い混雑率の路線は、小田急多摩線、東急多摩川線、西武有楽町線の3つしかない。

沿線地価の平均は、1㎡あたり約23万円。この値段は、東京での営業区間はゼロで横浜以西しか走らない相鉄線より1万円安い。加えて、ブランドタウンが並ぶ東急東横線が69万円／㎡だから、その3分の1ほどだ。かろうじて、東武東上線には1万円勝っている。

郊外で地価も安い成田空港周辺まで長い区間を走るため、どうしても平均価格は安くなって当然といえるが、とはいえ50万円／㎡以上を超えるのは京成上野と日暮里だけ。京成本線の起点である京成上野にしても約115万円／㎡と都内の始発駅にしては安い。山手線で2つ隣になる秋

葉原だと約169万円／㎡となり、京成本線の庶民派ぶりがわかる。

あまりビジネスパーソンが乗っていない

また定期券利用者の割合も低く、全体の58％ほどだ。そのうちおよそ4分の3が通勤定期で、残りが通学定期となる。

では、人数にしてどの程度いるのか。年間にのべ約9446万人の通勤定期利用客がいるが、70㎞近い路線距離がある割に、この人数はかなり少ない。小田急線がのべ約3億人、東京メトロ東西線が約2億5000万人で、京成本線はその半分以下になる。通勤定期客＝ビジネスパーソンの数が少ないので、朝それほど混まずにすむわけだ。スーツを着た人たちが少ない通勤時間帯の風景は、他の路線と少々趣が異なるといえる。

もっとも、都営浅草線と相互乗り入れしているため、都心のビジネス街に向かうのが手間というわけではない。実は都営線への乗り入れ第一号は京成線で、そもそも初の都営地下鉄である浅草線（1号線）は、京成線への乗り入れを前提につくられた。当時は先進的な運行形態だが、新橋、大門を除くと浅草線沿線にビジネス街は少ない。京成から遅れること8年。1968年に京急も都営浅草線と相互乗り入れを開始する。が、千葉から東京を経て神奈川に向かう通勤ニーズがどれだけあるかといえば、多くはないだろう。京急沿線住民が成田空港に行きやすいというメリットは享受できるが……。

しかし一方、京成成田空港線開業に伴い、新しく京成本線を走り始めた京成スカイライナーは好調だ。日暮里〜成田空港を最短36分で結ぶ。それで京成本線の乗客が増えたとはいえ、成田空港に速く行けるようになったから沿線の人気が高まるわけでもない。

一方、千葉側の主要都市での乗り換えはどうかというと、新津田沼はＪＲ津田沼駅から５〜６分は歩かなければならない。京成船橋と船橋も駅舎を出て数分歩く距離だ。終電間際の乗り換えでこの距離を歩かされる……というか走らされるとしたら、なかなかつらい距離だ。

「ＪＲと接続していることが正義」と言わんばかりの話で恐縮だが、それにしても、京成上野といい、ＪＲとつかず離れずの微妙な距離を保っている。この距離が、「私は京成本線沿線の住民だ」という強い意識づけに結びついているのかもしれない。

この微妙な距離にある両駅、新津田沼は1日の乗車客数が約3万６０００人であるのに対して、ＪＲ津田沼駅は10万人を超える。圧倒的な人数差があるが、その差もここ10年以上、ほぼ同程度で推移している。

また、津田沼は、沿線住民としてだけでなく、習志野市民の葛藤の駅でもある。新津田沼は純粋に習志野市にある駅であるが、ＪＲ津田沼駅は習志野市最大の駅でありながら、駅の一部が船橋市の住所にかかっている。習志野市民として、どちらを「我が町の駅」として利用するのか……答えは右記に出てしまっているが、今後の京成本線の巻き返しを期待したい。

余談であるが、東京ディズニーリゾートを運営するオリエンタルランドは、京成電鉄のグループ会社のひとつだ。世界でも屈指の集客力を誇る東京ディズニーランドを傘下に持ちながら、私鉄の鉄則である沿線に娯楽施設を組み込み、乗客増を狙うという手法をとっていない。当初は千葉市内から現在の舞浜付近を通り、都内に向かう路線を計画、免許申請を行っていたが、その後の紆余曲折により計画はなくなってしまい、今に至っている。

仮に京成沿線で東京ディズニーリゾートが開業していれば、京成住民にとって心のよりどころとなっていたかもしれない。

京成本線あるある

カーブが多く、転びそうになる

とにかく止まらないので、代替輸送で大活躍

成田空港から帰る人たちを見て、ジェラシー

船橋競馬場を降りて、ららぽーとに向かうときに感じる違和感

京王線

意外と高級住宅地が続く

路線データ

運行会社	京王電鉄	平均駅間距離	1.1km
開業年	1913年	主力車両	9000系
営業キロ	37.9km	始発	5:29(新宿発)
駅数	34駅	終電	0:34(新宿発)

新宿 ― 初台 ― 幡ヶ谷 ― 笹塚 ― 代田橋 ― 明大前 ― 下高井戸 ― 桜上水 ― 上北沢 ― 八幡山 ― 芦花公園 ― 千歳烏山 ― 仙川 ― つつじヶ丘 ― 柴崎 ― 国領 ― 布田 ― 調布 ― 西調布 ― 飛田給 ― 武蔵野台 ― 多磨霊園 ― 東府中 ― 府中 ― 分倍河原 ― 中河原 ― 聖蹟桜ヶ丘 ― 百草園 ― 高幡不動 ― 南平 ― 平山城址公園 ― 長沼 ― 北野 ― 京王八王子

京王本線の知られざる通信簿！

項目	数値	内訳・備考
郊外率 （23区外を走る割合）	**70**%	新宿〜仙川間11.5km 仙川〜京王八王子間26.4km
沿線住民の富裕度 （1㎡あたりの沿線地価平均）	**46**万円 19路線中9位	最高：新宿駅321万円 最低：長沼駅・北野駅14万円
ブランドタウン保有率 （1㎡50万円以上の駅の割合）	**32**駅中**10**駅 19路線中7位	新宿・初台・幡ヶ谷・笹塚・代田橋・明大前・下高井戸・桜上水・上北沢・八幡山
快速率 （全運行本数における快速電車の割合）	**60**%	普通118本 急行7本　区間急行17本 準特急67本　特急83本 特急（高幡不動より各駅停車）4本　快速1本　※新宿駅始発
接続便利度 （接続路線数）	**22**本	JR中央本線、山手線、埼京線、湘南新宿ライン、小田急線、東京メトロ丸ノ内線、都営大江戸線、京王井の頭線など
ラッシュ時の混雑率	**163**% 19路線中9位	下高井戸駅→明大前駅の混雑率 7:40〜8:40
運賃収入	**619**億**6938**万円／年 19路線中7位	京急線と同じくらいの収入。路線として競合はしないが、「いいライバル」だ
平均通過人員	**241,955**人／日 19路線中10位	収入が同じくらいで、かつ乗客数も京急線と同じくらい

出所：京王電鉄HP、『都市交通年報』（平成24年度版）、『鉄道統計年報』（平成24年度版）、駅地価.com

日本有数の過密ダイヤで運行される京王線

ハイソな小田急線と、サブカルな中央線にはさまれた京王電鉄京王線は、両者に比べていまいち存在感がないかもしれない。

朝のラッシュ時の混雑率は163％（下高井戸～明大前）と、首都圏の私鉄のなかでは真ん中より少し上の混み具合。ただし、朝のラッシュ時の上り列車本数は、東武伊勢崎線、東京メトロ丸の内線に次ぐ多さで、1時間に10両編成が30本も走る。JRでは中央線の30本が最も多く、いかに過密ダイヤかわかる。2000年から2011年にかけて乗客数が6％ほど減ってはいるものの、沿線地域によっては人口増加が見られる。

地味でありながらも、決して生活の質は悪くない京王線。7割方は東京23区外を走り、落ち着いた雰囲気を醸し出す――そんな沿線の様子を見ていこう。

新宿を出ると早々に住宅街

新宿駅、あるいは新線新宿駅から地下線を走り、笹塚からは地上を走る。ここから23区と多摩との境目にある千歳烏山までは、住宅街が続く。途中、明大前には明治大学和泉キャンパスが、桜上水には日本大学文理学部があり、教育施設も充実している。このあたりは基本的には住宅街であり、駅を降りると商店街やスーパーがあり、その向こうには一戸建てや低層マンションが多く存在する。

特急停車駅である明大前の路線価は坪単価216・7万円。これは、高級住宅街として知られる世田谷区の奥沢とそれほど変わりはない。準特急停車駅で、23区と多摩の境目にある千歳烏山の路線価は、坪単価163・9万円。小田急線の千歳船橋の路線価と同程度だ。

車窓からは、古くからの一戸建てを見ることが多い。昭和の時代に建てられた、いささかくたびれた感じの建物が多いものの、小さな家では新しい建物もときどき見られる。おそらく相続の際に手放し、その土地を分割して分譲したものだろう。

世田谷・杉並は短大以上の学歴を持つ住民が5割を超え、日本有数の高学歴者の居住する地域となっている。教育熱心な層が多そうだが、一方で京王線沿線には、意外に中高一貫の名門校が少ない。乗り換えて少し走れば有名どころがいくつかあり、このあたりの優秀な小学生たちは、乗り換えやむなしで中学受験にはげむことになる。

また、23区内の京王線は、渋谷区や世田谷区がメインのエリアであるものの、杉並区の利用者も多い。杉並区との境目を走っているからだ。

千歳烏山をすぎると、仙川から多摩地域に入る。仙川は、多摩地域屈指の高級住宅街であり、仙川には桐朋小学校があり、女子はこの地にある桐朋女子中高に、男子は国立市にある桐朋中高に進学するようになっている。桐朋小学校は多摩地域では人気のある小学校であり、少し先の国領には晃華学園小学校もあるなど小学校お受験の文化が根強くあると考えてもよさそうだ。小学校受験対策の塾も多い。路線価は坪単価130・9万円。街並みを見ると、まだまだ東京23区内の延長ではないかと感じさせるようなところがある。ちなみに、仙川の市外局番は「03」だ。

次第に沿線に畑が見えるようになると地下線に入る。国領から調布までは、地下化されている。京王線の駅で新宿駅に次ぐ乗降人数を誇るのが調布だ（約11万5000人：2014年度）。2012年に地下駅に切りかえられ、これまで京王相模原線と平面交差をしていたために存在していたダイヤ作成上のネックがなくなった。地下3階の3層構造になっており、地下1階は改札、2階は橋本・京王八王子方面、3階は新宿・都営新宿線方面に向かう列車が停車する。そんな調布は、派手さの面では吉祥寺を有する武蔵野市などに比べるとおとなしい印象だが、着実に力を持っている街である。1970年に15万7500人ほどだった調布市の人口は、多摩地域のベッドタウン化が進むにつれ、少しずつ上昇していく。地域によっては衰退を始めているものの、調布市ではいまだに人口流入が続いている。現在の人口は、22万7785人（2016年5月1日現在）。市の人口推計では、ゆるやかに増加を続けるとしている。

駅前にはパルコや西友、東急ストアなどの商業施設や、図書館などの文化施設も充実している。調布のパルコは、「コミュニティー型店舗グループ」とカテゴライズされるパルコの中ではトップの売上高を誇り、「都心型店舗グループ」の渋谷パルコよりも売上高が多い。センスのいい品物を売っている一方で、ユニクロや家電店などをテナントに入れ、食料品売場も備え、生活に根差したラインナップだ。また調布市は市民運動がさかんで、駅前では改憲阻止の署名活動などもよく行われている。その担い手は地域で長年活動してきたお年寄りが中心である。

調布をすぎると住宅街の中に畑を見かけるようになり、府中をすぎると丘陵地帯となる。高幡不動あたりまで行くと、坪単価113・4万円と路線価がぐっと下がる。北野で高尾山口へ向かう京王高尾線と分かれ、列車は京王八王子へと向かう。京王八王子駅は、駅ビルのある地下駅となっている。近年発展しており、かつてのような〝東京のはずれ〟ではなく、郊外の拠点都市としての力をつけ、駅周辺には支店や営業所などが多くある。

京王線あるある

地下を抜けたあとに、一斉にスマホを取り出す
朝、列車本数が多すぎて、ノロノロ運転になってしまう
そして、停止信号でよく停まる。間違えて立ち上がる
もともと本数が少ない急行に乗ってしまったときの損した感じ

京急本線

とにかく刻む細切れ路線

路線データ			
運行会社	京急電鉄	平均駅間距離	1.1km
開業年	1902年	主力車両	京急新1000形
営業キロ	56.7km	始発	5:03(池袋発)
駅数	50駅	終電	0:45(池袋発)

○泉岳寺 ○品川 ○北品川 ○新馬場 ○青物横丁 ○鮫洲 ○立会川 ○大森海岸 ○平和島 ○大森町 ○梅屋敷 ○京急蒲田 ○雑色 ○六郷土手 ○京急川崎 ○八丁畷 ○鶴見市場

○京急鶴見 ○花月園前 ○生麦 ○京急新子安 ○子安 ○神奈川新町 ○仲木戸 ○神奈川 ○横浜 ○戸部 ○日ノ出町 ○黄金町 ○南太田 ○井土ヶ谷 ○弘明寺 ○上大岡 ○屏風浦

○杉田 ○京急富岡 ○能見台 ○金沢文庫 ○金沢八景 ○追浜 ○京急田浦 ○安針塚 ○逸見 ○汐入 ○横須賀中央 ○県立大学 ○堀ノ内 ○京急大津 ○馬堀海岸 ○浦賀

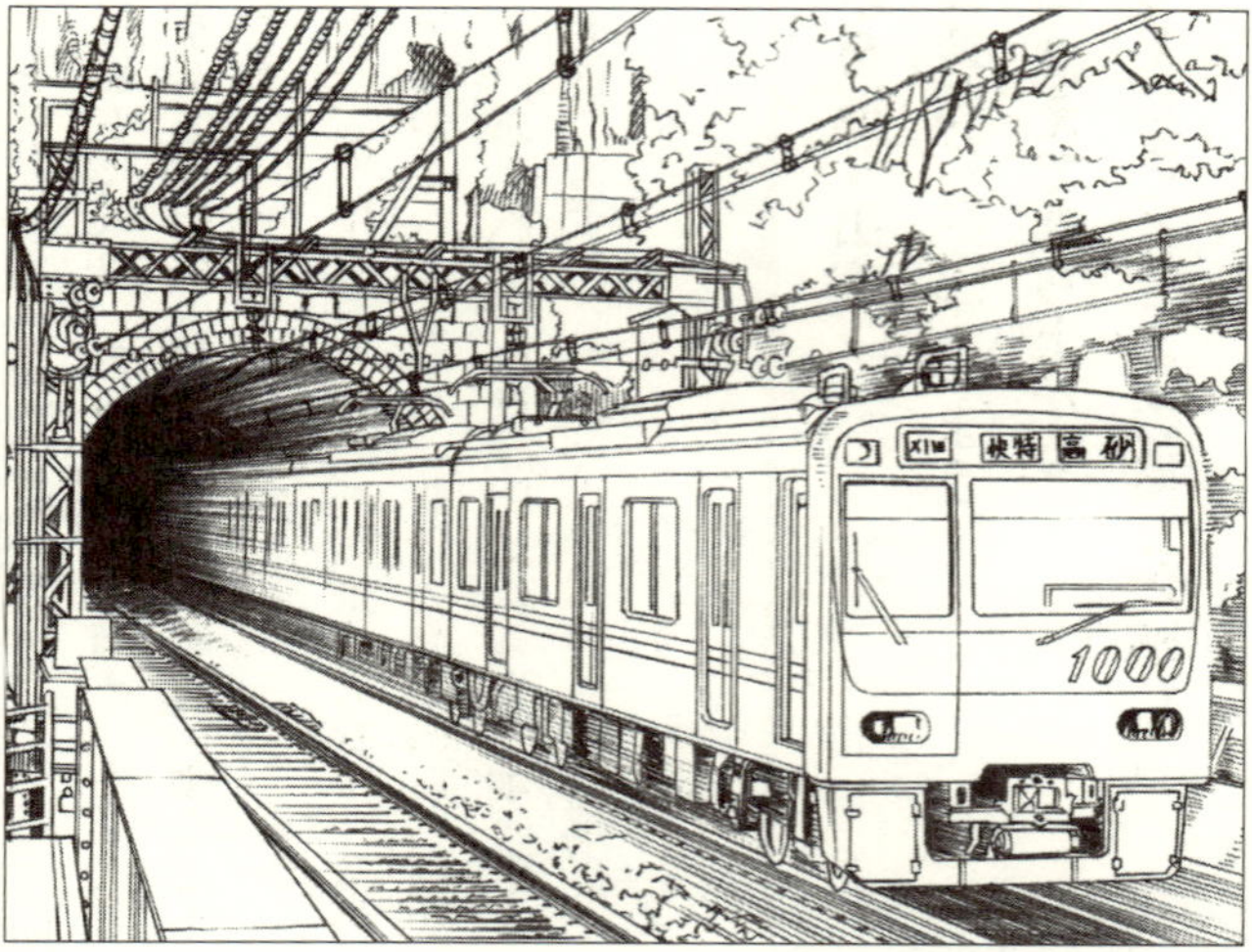

京急本線の知られざる通信簿！

項目	数値	内訳・備考
郊外率 （23区外を走る割合）	**77**%	泉岳寺〜京急川崎間13.0㎞ 京急川崎〜浦賀間43.7㎞
沿線住民の富裕度 （1㎡あたりの沿線地価平均）	**38**万円 19路線中18位	最高：泉岳寺駅182万円 最低：浦賀駅11万円
ブランドタウン保有率 （1㎡50万円以上の駅の割合）	**50**駅中**11**駅 19路線中11位	泉岳寺・品川・北品川・新馬場・青物横丁・鮫洲・立会川・大森海岸・平和島・京急蒲田・横浜
快速率 （全運行本数における快速電車の割合）	**66**%	普通122本　エアポート急行70本　特急45本 エアポート特快12本　快特101本　ウイング11本 ※品川駅始発
接続便利度 （接続路線数）	**19**本	JR東海道線、横須賀線、山手線、京浜東北線、東急東横線、相模鉄道本線、みなとみらい線、都営浅草線など
ラッシュ時の混雑率	**146**% 19路線中4位	戸部駅→横浜駅の混雑率 7:30〜8:30
運賃収入	**621**億**1699**万円／年 19路線中6位	互いにライバル視したことはないだろうが、京王線と同じくらいの収入
平均通過人員	**271,421**人／日 19路線中9位	乗客数も同じくらい。ただし、路線の距離は京急線のほうが長いので、収入はもう少しがんばってほしい

出所：京急電鉄HP、『都市交通年報』（平成24年度版）、『鉄道統計年報』（平成24年度版）、駅地価.com

圧倒的な遅延の少なさ

京急電鉄の主要路線である京急本線。品川から川崎、横浜を抜け、三浦半島の海沿いを走る路線だ。首都圏の私鉄のなかで小田急線に次ぐ運賃収入を稼ぐ路線である。路線の距離が長い割に1kmあたりに換算しても、5番目に位置する。1日1kmあたりの乗客数も27万人と、これも私鉄上位。東急の2路線に次いで、小田急線と肩を並べる。

その割に朝のラッシュ時は戸部→横浜間で146%と、首都圏にしては比較的快適に通勤できる路線である。加えて、特筆すべきが遅延の少なさ。乗客数は上位にもかかわらず、朝の通勤時に他路線が「お客様混雑」の影響で毎日のように遅れているなか、京急本線(品川〜横浜間)は、遅延証明を出した日数が平日20日のうち2日。遅延証明発行率10%という驚くべき数値を誇る(2013年11月の平日20日間における遅延証明書の発行状況。国土交通省調べ)。第1章で取り上げたJRの各路線はいずれも60%以上、私鉄においては東急田園都市線がいちばん多く55%。都内に乗り入れる路線で京急本線の次に少ないのが京王井の頭線の20%だから、どれだけ遅延が少ないか、わかってもらえるだろう。

この遅延証明書は、10分以上の遅延が発生した場合に出される。全路線の傾向として、10分以上の遅延の場合、理由として「混雑」の割合はかなり少ないのだが、それでもドアにモノがはさまったりなどは混雑ゆえに起こるわけで、乗客数の多さの割に遅延が少ないというのは称賛に値する。一方、5分未満の遅延の場合は、理由の半分以上が「混雑」によるものだ。京急本線の10分以内の遅延は公表されていないが、数分の列車の遅れで会社に遅刻した場合、大半の人が「それはお前が悪い」と怒られるだろう。つまり、京急本線を使っている人は、遅刻は許されないのだ。

また、その定時運行のすばらしさもさることながら、京急本線の本領は、トラブル時に見ることができる。鉄道ファンの間で呼ばれる「行っとけダイヤ」だ。これは、トラブル時に急行などが停車駅でない駅でも、〝とりあえず行けるところまで行っておく〟運行方法だ。指令など含め、実力者ぞろいだからこそできる柔軟性の高い運行で、乗客のイライラを最小限にしてくれる（もちろん各社の規定によってトラブルに対処しているので、他社の鉄道マンたちの技量が劣るわけではないことを念のため申し添えておく）。また、定時運行のための乗降時の時間短縮を目的としているのか、車掌のドアを閉める際のアナウンス、「ドア閉まります」が原形をとどめていない。例えば「ダァシャーリマス」など。少なくとも「ドア」を「ダァ」というのはどの車掌も共通しているようで、0・01秒ほどの時間短縮に成功している。

沿線地価は意外に高め

23区内を走る距離が短い割に、路線全線の地価の平均は38万円／㎡と高めだ。1㎡50万円以上の駅も50駅中11駅あり、なかでもいちばん高いのが品川、次いで泉岳寺である。品川駅周辺は場所によって大きく差があるので、細かく紹介するが、品川駅周辺は高輪口を出て北に200m歩いた場所（高輪3丁目）で約370万円／㎡、泉岳寺が駅を出てすぐのところ（高輪2丁目）で245万円／㎡となっている。

また、私鉄は沿線住民を広く乗客として取り込むため、往々にして駅間距離が短いが、京急本線は特に短く1・1㎞ほど。ただ、短く区切るとそれだけ時間がかかるので、快速などを走らせ、乗客の利便性は損なわないようにしている。品川駅発の10本に6本強が優等列車（通過駅のある列車）である。この割合は、首都圏主要路線のなかでは最も大きい。

そして、首都圏路線において本線の最大の特徴は、沿線に漁港があること。といっても、そもそもは東京〜横浜間の「都市間輸送」を目的に設立されたアーバンな路線である。その目的が果たされた後、三浦半島に延伸していった。漁師の需要を見込んで延伸した……わけではないが、沿線のあちこちにある漁業協同組合の関係者が乗っていることだろう。

10年後、京急本線は新たな局面を迎える

今後、京急本線沿線での最大のイベントは、2027年に予定されているJR東海のリニア中央新幹線の開業だ。リニアの始発駅は品川駅周辺が予定されており、その際、私鉄においては京

急の泉岳寺駅が乗り換え駅となることが予想されている。羽田空港（加えて、都営浅草線、京成線との乗り入れにより成田空港も）に加え、リニアへのアクセスも加わるとなると、京急本線の首都圏交通における価値は一気に上がる。

また、品川周辺は、ＪＲ東海のリニア開業だけでなく、ＪＲ東日本による大規模な再開発も進んでいる。空港へのアクセスがよい品川は、世界的都市として生まれ変わろうとしているのだ。全部、他力本願ではあるのだが、もちろん京急電鉄も、それらに併せて泉岳寺駅、品川駅のリニューアルなどを行うだろう。

最大のポテンシャルをもった私鉄路線は、京急本線・空港線といっても過言ではない。家賃が高くなる前に、住むなら今ではないだろうか。

京急本線あるある

車内アナウンスの真似をしてしまう

駅に向かう道すがら、発車メロディを口ずさんでしまう

リニアはまだまだ先の話と思っていたら、意外にすぐ

運転見合わせのメールが届いても、かまわず駅に向かう

相鉄本線

いよいよ念願の東京入りを果たす

路線データ

運行会社	相模鉄道	平均駅間距離	1.4km
開業年	1926年	主力車両	11000系
営業キロ	24.6km	始発	5:21（横浜発）
駅数	18駅	終電	0:42（横浜発）

横浜 ― 平沼橋 ― 西横浜 ― 天王町 ― 星川 ― 和田町 ― 上星川 ― 西谷 ― 鶴ヶ峰 ― 二俣川 ― 希望ヶ丘 ― 三ツ境 ― 瀬谷 ― 大和 ― 相模大塚 ― さがみ野 ― かしわ台 ― 海老名

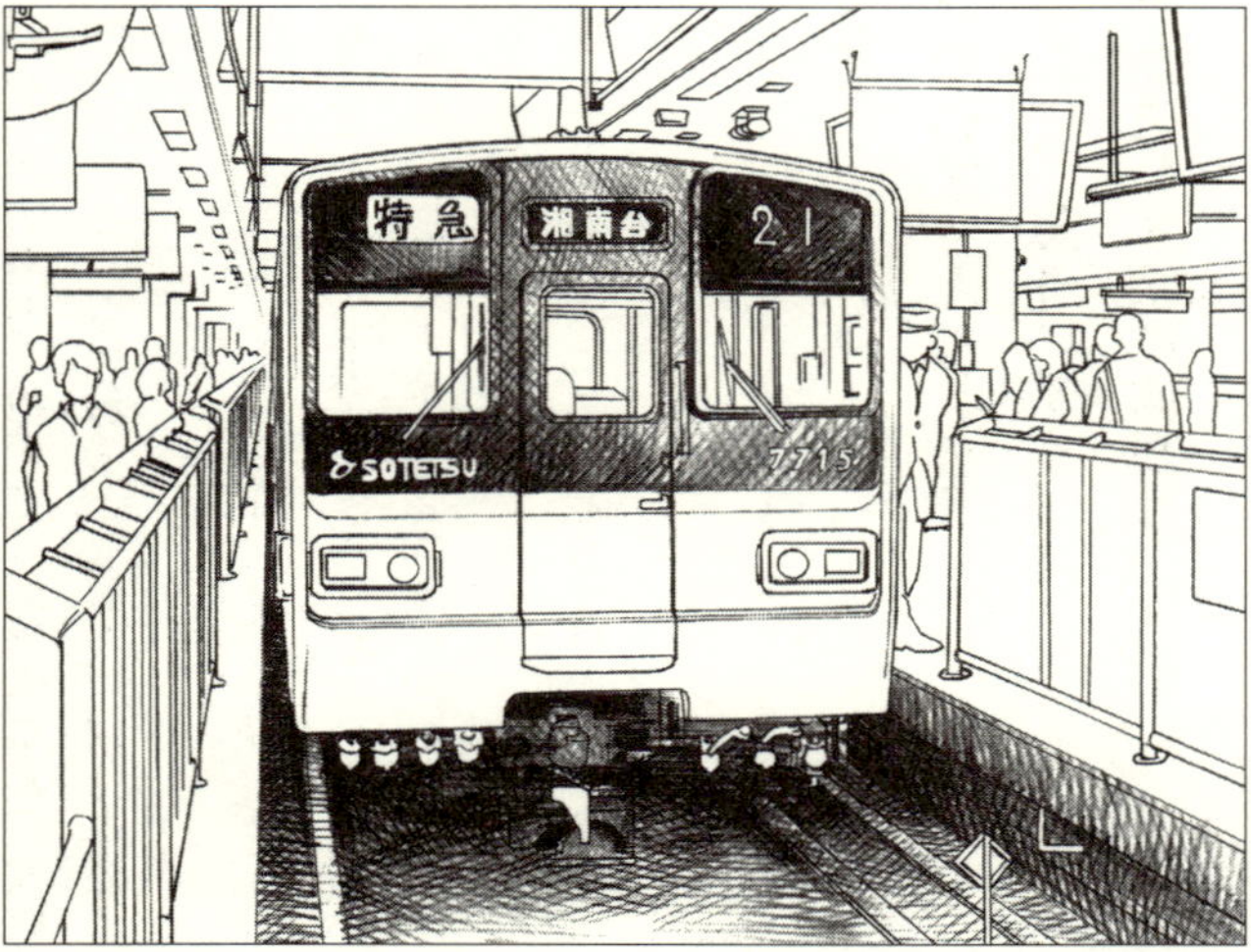

相模鉄道本線の知られざる通信簿！

項目	数値	内訳・備考
郊外率 （23区外を走る割合）	**100**%	横浜〜海老名間24.6㎞
沿線住民の富裕度 （1㎡あたりの沿線地価平均）	**24**万円 19路線中17位	最高：横浜駅108万円 最低：海老名駅14万円
ブランドタウン保有率 （1㎡50万円以上の駅の割合）	**18**駅中**1**駅 19路線中17位	横浜
快速率 （全運行本数における快速電車の割合）	**55**%	普通144本 急行109本 特急26本 快速39本 ※横浜駅始発
接続便利度 （接続路線数）	**14**本	JR東海道線、横須賀線、京浜東北線、横浜線、東急東横線、京急本線、みなとみらい線、小田急小田原線など
ラッシュ時の混雑率	**143**% 19路線中3位	平沼橋駅→横浜駅の混雑率 7:25〜8:26
運賃収入	**308**億**9555**万円／年 19路線中17位	首都圏の大手私鉄で唯一東京都内に駅がない鉄道会社の路線だが、路線距離の割に健闘している
平均通過人員	**195,054**人／日 19路線中11位	千葉の郊外へ延びる京成線の2倍以上の乗客数

出所：相模電鉄HP、『都市交通年報』（平成24年度版）、『鉄道統計年報』（平成24年度版）、駅地価.com

乗客の6割以上が定期券利用

神奈川県随一のターミナル駅である横浜から横浜市内陸部を経由して神奈川県の県央に位置する海老名までを結ぶ通勤・生活路線である相鉄本線。二俣川から同じく相鉄のいずみ野線へ直通する列車もあるが、相鉄本線単体の営業キロは24・6㎞で、私鉄の主要路線の中でも比較的短めである。

今でこそ神奈川県内陸部に住む人々の生活の足となっているが、かつての沿線は農村地帯であり、これといった産業もなく、開業直後は相模川で採取される砂利の輸送を主な目的としていたため、収支は大幅な赤字だったといわれている。

収支が上向いてきたのは戦後、沿線の宅地化が進んできたころで、相模鉄道は輸送力を強化するために1952年から74年にかけて全線の複線化を進めた。また、以前は一帯に場末感が漂っていた横浜周辺の開発にも力をいれた結果、1960年代には輸送密度が大幅に増加したという。

相鉄本線の特徴は、利用客の大部分が沿線住民であることだ。同路線の1日1㎞平均の乗客数は千葉県郊外に延びる京成線の2倍以上と、神奈川県のポテンシャルを示し、また、乗客全体に対する定期券利用客が例年65％前後で推移しており、安定的に顧客を確保している。

都内を走行しないため、沿線のブランドタウンが18駅中横浜（108万円／㎡）の1駅であることは納得できる。とはいえ、以降の地価は横浜から数百メートルしか離れていない平沼橋で34万4500円、星川が22万6000円、相模大塚が16万2000円といった具合で、東急東横線の神奈川県内の駅と比べると価格の下がり方が激しく、沿線は人気エリアとはいい難い。

加えて、沿線の主な教育施設も横浜国立大学ぐらいで学生の利用もあまり期待できず、観光地も丹沢山地以外に目立つものはない。車窓からの眺めも、延々と住宅街が続くだけで、あえて見所を挙げるなら大和付近の厚木飛行場だろうか。つまり、沿線住民以外の利用に伸びしろがなく、利用客が頭打ちといえるのだ。

ダイレクトに都心部にアクセスする2つの計画

だが、将来的にはそんな状況を打開できるかもしれない。というのも、相模鉄道は同社の「悲願」ともいえる東京進出に関する2つの計画をすでに発表済みなのだ。

ひとつは、相模鉄道とJR東日本が2018年度内に開業を目指す「相鉄・JR直通線」(仮称)の新設である。これは相鉄本線の西谷からJR東海道貨物線の横浜羽沢までの2・7㎞を結ぶ連絡線で、横浜羽沢付近に両社の共同使用駅(仮称:羽沢)を設置する計画となっている。

この連絡線ができると、相鉄本線は西谷から連絡線を経由して東海道貨物線、横須賀線の線路に入り、最終的には湘南新宿ラインと同じ経路で新宿方面に達するとされており、これまでアク

ＪＲ横浜羽沢駅周辺。隣接するかたちで「東京入り」の架け橋となる相鉄の羽沢駅の建設が進められている（写真：アフロ）

セスが決していいといえなかった神奈川県央から都心部までダイレクトに行くことができるようになる。

もうひとつの計画は、前述した横浜羽沢付近に設置される羽沢（仮称）から、東急の日吉駅までの10㎞を結ぶ路線を設置するというもので、相鉄と東急の両社は2019年の開業を目指している。

計画では東横線と目黒線の2系統を運行するとされており、実現すれば相鉄本線からは先ほどの新宿方面に加え、渋谷や目黒へのアクセスも格段に向上する。また、羽沢～日吉間には新たに2駅設置される予定だ。

なお、東横線は2013年より東京メトロ副都心線、東武東上線、西武池袋線の3

路線と直通運転を行っているが、2016年7月の時点では具体的にどこまで乗り入れるかは決定していない。

ただ、どこまで乗り入れようと、あの相鉄風物詩には関係ない。

横浜駅での乗り換えは、殺伐としている。相鉄で最も多くの人が乗降する駅だが、当然その全員が横浜駅周辺で働いているわけではない。相鉄は大手私鉄のひとつに数えられるが、その末席の鉄道会社。一刻も早く〝真の首都圏〟の路線に乗り換えなければならない。その気持ちが急《せ》くあまり、先頭側に乗客が集中し、駆け降りていく。相互乗り入れの開始によって、そんな風景も見納めになるのだ。

相鉄線あるある

朝の上り電車の1号車はやけにいつも混んでいる

神奈川県民以外に「相鉄線」という単語は高確率で通じない

遅延情報をよく相模線と見間違える

寝ていても大和のトンネルを通過する際に起きる

東西線

都内屈指の超混雑路線

路線データ

運行会社	東京	平均駅間距離	1.3km
開業年	1964年	主力車両	05系
営業キロ	30.8km	始発	5:00(中野発)
駅数	23駅	終電	0:01(中野発)

中野 ○ 落合 ○ 高田馬場 ○ 早稲田 ○ 神楽坂 ○ 飯田橋 ○ 九段下 ○ 竹橋 ○ 大手町 ○ 日本橋 ○ 茅場町 ○ 門前仲町

木場 ○ 東陽町 ○ 南砂町 ○ 西葛西 ○ 葛西 ○ 浦安 ○ 南行徳 ○ 行徳 ○ 妙典 ○ 原木中山 ○ 西船橋

東京メトロ東西線の知られざる通信簿！

項目	数値	内訳・備考
郊外率 (23区外を走る割合)	**26**%	中野〜浦安間　22.8km 浦安〜西船橋間　8.0km
沿線住民の富裕度 (1㎡あたりの沿線地価平均)	**126**万円 19路線中2位	最高：竹橋駅224万円 最低：西船橋駅21万円
ブランドタウン保有率 (1㎡50万円以上の駅の割合)	**23**駅中**12**駅 19路線中2位	中野・落合・高田馬場・早稲田・神楽坂・飯田橋・九段下・竹橋・大手町・日本橋・茅場町・門前仲町
快速率 (全運行本数における快速電車の割合)	**28**%	普通206本 快速82本 ※中野駅始発
接続便利度 (接続路線数)	**24**本	JR中央線、山手線、京浜東北線、東海道線、東京メトロ副都心線、有楽町線、都営新宿線、京成本線など
ラッシュ時の混雑率	**200**% 19路線中19位	木場駅→門前仲町駅の混雑率 7：50〜8：50
運賃収入	**524**億**9109**万円／年 19路線中9位	東京メトロの路線のなかでは、最も稼ぐ路線。1kmあたりだと、銀座線、日比谷線、千代田線のほうが多い
平均通過人員	**147,534**人／日 19路線中15位	ラッシュ時はかなり混雑するが、平均するとそれほどでもない。どの路線よりも強くオフピーク通勤をおすすめしたいところだ

出所：東京メトロHP、『都市交通年報』(平成24年度版)、『鉄道統計年報』(平成24年度版)、駅地価.com

堂々の混雑率国内第一位に輝く路線

ここまでいくつかの路線を〝激混み路線〟と紹介してきたが、東京メトロ東西線こそが、日本一混雑する路線である。東西線で通勤している人たちは、それだけで同情されるほどだ。実際、朝ラッシュのピーク時は悲惨である。座れない人たちにも陣取りがあり、座ることを期待するわけではないが、まずは座席前の吊り革を狙う。

しかも、なるべくドアから離れた場所でなければならない。車内の混雑が激しくなると、横や後ろからの圧力も激しくなり、体は流され、吊り革も手放さざるを得なくなる。それでも圧力は容赦なく続き、立っていることすら困難になるのだ。いよいよ倒れそうになったときには、座っている人に覆いかぶさり、窓に手をついて体を支える。座っている人も、寝ている場合ではない。

２０１４年度のデータでは、東西線（木場→門前仲町）の最混雑率は２００％で、堂々の日本一である。山手線・京浜東北線（上野→御徒町）の混雑率も同程度だが、２０１５年３月に上野東京ラインが開業したことで、すでに混雑は緩和されている。東京西部を走る私鉄も複々線化が進んでおり、もはや肩を並べてくれるのは総武線（錦糸町→両国）だけである。

総武線の場合、両国の二つ先に秋葉原があり、猛烈に混雑する区間は長くはない。しかし、東西線だと、西葛西あたりで乗客が乗りきれなくなり、（門前仲町で都営大江戸線への乗り換えはあるものの）この混雑は5つ先の茅場町まで続く。いずれにせよ、東西線も総武線も西船橋（千葉）方面から東京に入る路線だ。総武線を引き合いに出しても、東西線利用者の慰めにはならない。

一方で、中野方面からの電車は空いている。西武新宿線からの乗り換えがあるため高田馬場からは混雑するが、それでも高田馬場→早稲田の最混雑率は124％に過ぎない。並行する中央快速線（中野→新宿）の混雑は191％で高いが、吉祥寺から井の頭線、荻窪から丸ノ内線が接続しており、中央・総武線も並行している。また、南北には都営大江戸線も走るため、東西線の混雑は限られるのだ。

若いファミリーが多い西船橋方面

では、東西線にはどのような駅があるのだろうか。

都心部の駅を見ると、門前仲町、日本橋、神楽坂と、江戸情緒のある駅が多い。一方で、金融街の茅場町、商業地の日本橋、オフィス街の大手町と、日本を代表する街を串刺しにしている。混雑するのも無理はない。

その他に注目するべき駅は、日本有数のマンモス大学、早稲田大学がある早稲田である。日本大学の方が早稲田大学よりも大きいが、日大はキャンパスが分散しているのに対して、「都の西北」にこだわる早稲田大学では、多くのキャンパスが早稲田周辺に集中している。早稲田周辺こそが、学生街の代名詞といえるだろう。

早稲田大学の学生にとっては、早稲田だけでなく、隣の高田馬場も学生街であり、もっといえば、彼らは新宿も自分たちの街だと思っている。そうなると、早稲田と高田馬場を結ぶ東西線は、彼らの生命線のようにも見えるが、早稲田と高田馬場の間はバス便もあり、そのうえ徒歩圏内なので、東西線が「学生たちの路線」というわけでもない。まして、高田馬場とは反対の西船橋方面になると、彼らのアパート探しの対象にもならない。むしろ、高田馬場と新宿の両方をカバーする西武新宿線の方が、彼らにとっては人気の路線である。

早稲田大学の学生に限らず、東西線の西船橋方面には一人暮らしの学生が少ない。学生だけが住む世帯数の割合（全体の世帯数に対して）は、23区の平均が1・72％であるのに対して、江東区0・58％、江戸川区0・9％と、かなり低いのだ。反対に、中野区は2・23％と割合が高い。

では、どのような世帯が多いのか。結論からいうと、家族世帯である。葛西、西葛西のある江戸川区は、23区の中でも特に家族世帯が多い。逆に、一人暮らしの世帯は40・3％（23区平均は49・0％）で、東西線の反対側にある中野区の60・1％と比べれば、その差は歴然としている。また、江戸川区民の平均年齢は41・8歳で、23区の中で一番若い。要するに若いファミリーが多いのだ。

江戸川区は縦に長く、複数の路線が貫いている。北部には京成線と総武線、中央には都営新宿線、南に東西線、南端に京葉線が走っており、開業年によって発展した時期も違う。京成線や総武線は戦前に開業しているが、都営新宿線の篠崎開業は１９８６年、東西線の南行徳開業が１９８１年、京葉線の東京開業が１９９０年である。北部を除けば、江戸川区が大きく発展したのは近年のことだ。また、東西線と京葉線が通る葛西エリアに注目すると、生産年齢人口（15歳～64歳）が69％と他のエリアよりも５％も高く、転入・転出の割合も最も高い。若い世帯が多く、その流動も激しいのである。

江戸川区の周辺も見ておこう。都心寄りの江東区は、西側に門前仲町、木場があり、歴史を感じるエリアである。しかし、東寄りの南砂町は、近年の再開発で急激に人口が増えている。

江戸川区の東は千葉県浦安市で、いわずと知れた東京ディズニーランドを擁する市である。浦安市の場合は湾岸エリアの発展が著しく、京葉線のほうが高いウェイトを占める。一方で東西線の浦安駅は地理的にも実質的にも市の外れという感があり、快速の停車駅だが、東西線の沿線という点では浦安市の占める割合は大きくないのだ。

その隣の市川市には、南行徳、行徳、妙典の３駅があり、東西線沿線の中でも大きなウェイトを占めている。東西線と京葉線にはさまれた行徳エリアは、江戸川と旧江戸川と海に囲まれており、他のエリアとの結びつきは弱く、新しいエリアである。特に２０００年に開業した妙典周辺は新しいが、湾岸部はアマゾンの倉庫などがある商工業エリアになっており、浦安や葛西とは違い、海方向の奥行きがない。

市川市には、社宅が多いという特徴もある。社宅に住んでいる世帯の割合を比較すると、東京23区の平均が3・6％で、江戸川区はそれを下回る3・2％だが、市川市は5・5％にもなる。都心へのアクセスが良く、東京よりも土地が安いのが要因だろう。

妙典を過ぎて江戸川を渡ると、船橋市の原木中山、西船橋となり、東西線は終点である。どちらも多くのマンションが建ち、人口も増えており、その点では共通した特徴がある。

ここまで見てきたように、葛西あたりから西船橋方面にかけては、新しく整備された街が広り、若いファミリーが多いことがわかる。それを象徴するように、スターバックスがある駅は少ない。東陽町から西船橋までの区間で、駅近くにスタバがあるのは浦安と西船橋だけだ。平日の昼間人口が少なく、需要も少ないのだろう。スタバはオフィス街の大手町には至る所にあり、鳥取県にも進出しているが、いまだに江戸川区には1軒もないのだ。

学校関連も寂しいといわざるを得ない。葛西、西葛西には特徴的な専門学校が集まっているが、大学や私立中学・高校がないのだ。並行する他路線を見ると、広大な埋め立て地がある京葉線沿線や、歴史ある京成線沿線には、それなりに点在している。東西線沿線にはどちらの特徴もなく、住宅地ばかりの街になってしまった。

また、大勢の人が集まる場所もない。京葉線沿線には新浦安、舞浜、葛西臨海公園に商業施設やレジャー施設などが集まっており、総武線沿線には錦糸町、船橋といった繁華街があるが、東西線沿線には特徴的なものがない。

東西線沿線だけが、ぽっかりと穴が開いたような感じである。そんな中、葛西にインド人コミュニティがあるのは数少ない特徴だろう。葛西だけでなく、行徳・妙典にもインド人は多い。千葉県内にインド人は約１３００人いるが、その中でも市川市は約４００人と群を抜いている。ちなみに、江戸川区は約２４００人で、浦安市には40人しかいない。彼らが、浦安ではなく、行徳・妙典という飛び地を選ぶのは、行徳にモスクがあることも関係しているだろう。いわば、東西線はインド人コミュニティを結ぶ路線でもあるのだ。おかげで、葛西や行徳にはインド料理店が多く、文字どおり、刺激の少ないエリアのスパイスになっている。

東西線あるある

毎日の遅延理由は「混雑」。だから明日も遅延する
西船橋から乗っても、すでに座れない
主要駅ではドア1つにつき、1人駅員を配置
朝の混雑が嘘のような昼間の空き具合

都営三田線

ブランドタウンと団地をつなぐ路線

路線データ

運行会社	東京都交通局	平均駅間距離	1.0km
開業年	1968年	主力車両	6300形
営業キロ	26.5km	始発	5:12(目黒発)
駅数	27駅	終電	0:02(目黒発)

○目黒 ○白金台 ○白金高輪 ○三田 ○芝公園 ○御成門 ○内幸町 ○日比谷 ○大手町 ○神保町 ○水道橋 ○春日 ○白山 ○千石

○巣鴨 ○西巣鴨 ○新板橋 ○板橋区役所前 ○板橋本町 ○本蓮沼 ○志村坂上 ○志村三丁目 ○蓮根 ○西台 ○高島平 ○新高島平 ○西高島平

都営三田線の知られざる通信簿！

項目	数値	内訳・備考
郊外率 （23区外を走る割合）	**0**%	目黒〜西高島平間　26.5㎞
沿線住民の富裕度 （1㎡あたりの沿線地価平均）	**173**万円 19路線中1位	最高：大手町駅1,184万円 最低：西高島平駅29万円
ブランドタウン保有率 （1㎡50万円以上の駅の割合）	**27**駅中**18**駅 19路線中1位	目黒・白金台・白金高輪・三田・芝公園・御成門・内幸町・日比谷・大手町・神保町・水道橋・春日・白山・千石・巣鴨・西巣鴨・新板橋・板橋区役所前
快速率 （全運行本数における快速電車の割合）	**0**%	
接続便利度 （接続路線数）	**15**本	JR山手線、中央線、京浜東北線、東京メトロ南北線、半蔵門線、丸ノ内線、都営新宿線、浅草線など
ラッシュ時の混雑率	**150**% 19路線中5位	西巣鴨駅→巣鴨駅の混雑率 7:40〜8:40
運賃収入	**270**億**7598**万円／年 19路線中18位	都営地下鉄のなかでは3、4番手の収入を稼ぐ。ちなみに東京メトロ東西線の半分くらい
平均通過人員	**147,534**人／日 19路線中16位	収入同様、乗客数も3、4番手。都営のなかでも平均的な路線といえる

出所：東京都交通局HP、『都市交通年報』（平成24年度版）、『鉄道統計年報』（平成24年度版）、駅地価.com

迷走する三田線の存在理由を定めた高島平団地

都営三田線は戦前より計画されていた路線だが、その建設工事は、戦前はおろか戦後になっても遅々として進まなかった。1968年にようやく開業したが、当時は巣鴨〜志村（現・高島平）のわずか10・4㎞でのスタートだった。その後、三田線は巣鴨方面から建設され、順次開業していった。最後に残された区間の三田〜目黒間が開業したのは、いよいよ世紀をまたごうかという2000年。三田線が最初に一部区間を開業させてから実に30年以上も後になって、ようやく計画されていた全線を開業させるに至った。

現在、都営三田線は目黒駅で東急目黒線と相互乗り入れを実施しているが、開業前の計画段階では五反田駅から東急池上線に、板橋方面は東上線に乗り入れる予定にしていた。そのため、三田線は乗り入れが可能な1067㎜軌間で建設されることになる。

都営地下鉄では先に浅草線が開業していたが、こちらは1435㎜軌間で建設された。本来なら、三田線も軌間を統一して車両を統一規格で製造するのが、コスト面では当然の対策だ。しかし、そうした予定もあって、三田線はコスト高な路線としての誕生を強いられる。

にもかかわらず、東武東上線との相互乗り入れは破談になってしまう。その後、埼玉県大宮市方面へ延伸する計画も立てられたが、「都営なのに、埼玉県を走るのか？」という議論があり、大宮方面への延伸計画はあえなく頓挫している（現在、都営では唯一、新宿線の本八幡駅が千葉県市川市に位置している）。

そうして迷走を続けていた都営三田線だが、1972年に入居が始まった高島平団地によって、その迷走ぶりに終止符が打たれる。高島平に大規模団地が造成されたことで、そこに住む人たちのアクセスを確保する必要が出てきたのだ。

そのため三田線は1976年、高島平〜西高島平間の1・5㎞を新たに開業させた。ほかにも三田線は、都営住宅・公団住宅といった大規模な団地が沿線のいたるところにあるのが特徴だ。ピーク時、高島平には7つの区立小学校があった。

乗客は増えているのに存在感が薄い三田線

そもそも三田線は「都営」であるため、全区間が23区内にある。そうしたなかでベッドタウンを有するというのは、地味ながら特殊なケースの路線といえるだろう。また、路線の距離が26・5㎞、駅が27駅しかなく、かつ新宿や渋谷などターミナル駅との接続がないにもかかわらず、15本もの路線と接続している。さらに三田駅は浅草線との乗り換え駅であるが、三田駅利用者は浅草線が9万1208人、三田線が8万8881人と、浅草線のほうが多い。このあたりの条件が、三田線沿線といわれてもピンとこない、なんとなく団地をイメージしてしまう理由だろう。

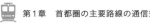

高島平のほかにも、西台には団地マニアの間でも有名な存在だった都営住宅西台アパートおよび東京都住宅供給公社西台住宅があった。西台駅には三田線の志村車両検修場が隣接している。施設の有効活用という名目から、1970年に検修場の車庫上部に人工地盤を造成。そこに都営住宅西台アパートおよび東京都住宅供給公社西台住宅が建設されている。この2つの団地はどちらも大規模だったため、住民数も多かった。そうした事情から、団地内に板橋区立高島第四小学校（現在は廃校）が設置された。

三田線の北側は団地とともに歴史を歩んできた。三田線のイメージは、こうした団地のイメージが今も色濃く反映されている。「三田線沿線に住んでいる」といわれれば、「ああ、団地に住んでいるのかな」と想像してしまうレベルだ。

しかし、高島平をはじめとする板橋区一帯の大規模団地は、三田線の一部区間でしかない。団地は三田線全体を語るには、あまりにも局地的なようにも思えるし、三田線は1973年に三田駅までが開通し、2000年にようやく目黒駅まで到達したばかり。三田線の南側区間が独自の文化を醸成するには歴史がまだ足りない。そもそも、巣鴨以南の住民たちが、自らを「三田線沿線住民」と認識しているかといえば、そんなことはないだろう。まだまだ新参者扱いだ。

通勤時間帯に最も混雑するのも、西巣鴨～巣鴨間（150％）である。目黒駅が起点となっている三田線ではあるが、その名称とは裏腹に実質は巣鴨や板橋区の住民たちに支えられた路線だった。

ただし、営業的な観点からすると、目黒駅までの全線開業を果たしてからの方が良好で、２００５年になって三田線はようやく収支が黒字に転じている。これらは、三田線が目黒駅まで開通して東急目黒線との相互乗り入れが始まったことで利便性が向上し、そのために三田線の利用者が増えたためだろう。２０００～２０１１年の10年間の間に、乗客数は18・６％も増え、この増加率は都内の路線（ＪＲと私鉄含む）のなかでは11番目に位置する。

三田線の象徴であった高島平団地の住民の高齢化、少子化が問題となっているが、三田線はその影響をものともせず、順調に乗客数を増やしている。

三田線は文化を生んだ北側と営業を支える南側、２つのカラーで成り立っている。

都営三田線あるある

西台駅を越えると、団地が一面に広がっている

知っている駅名は高島平

ターミナル駅にいくには必ず乗り換えが必要

三田駅は、三田線よりも実は浅草線利用者のほうが多い

つくばというよりアキバの路線

つくばエクスプレス

路線データ

運行会社	首都圏新都市鉄道	平均駅間距離	2.9km
開業年	2005年	主力車両	TX-1000系
営業キロ	58.3km	始発	5:08(秋葉原発)
駅数	20駅	終電	0:18(秋葉原発)

秋葉原
新御徒町
浅草
南千住
北千住
青井
六町
八潮
三郷中央
南流山
流山セントラルパーク
流山おおたかの森
柏の葉キャンパス
柏たなか
守谷
みらい平
みどりの
万博記念公園
研究学園
つくば

つくばエクスプレスの知られざる通信簿！

項目	数値	内訳・備考
郊外率 （23区外を走る割合）	**73**%	秋葉原〜八潮間　15.6km 八潮〜つくば間　42.7km
沿線住民の富裕度 （1㎡あたりの沿線地価平均）	**30**万円 19路線中14位	最高：秋葉原駅169万円 最低：みどりの駅1.9万円
ブランドタウン保有率 （1㎡50万円以上の駅の割合）	**20**駅中**3**駅 19路線中14位	秋葉原・新御徒町・浅草
快速率 （全運行本数における快速電車の割合）	**39**%	普通130本 快速29本 通勤快速4本 区間快速49本 ※秋葉原駅始発
接続便利度 （接続路線数）	**12**本	JR山手線、総武線、京浜東北線、常磐線、武蔵野線、東京メトロ日比谷線、千代田線、都営大江戸線など
ラッシュ時の混雑率	**154**% 19路線中6位	青井駅→北千住駅の混雑率 7：30〜8：30
運賃収入	**384**億**5920**万円／年 19路線中14位	首都圏最後の新線といわれた路線だが、期待を大きく裏切ることもなく、それなりの収入をあげている
平均通過人員	**115,462**人／日 19路線中18位	始発駅の秋葉原を出ると早々に新興住宅地に入ってくが、乗客数は中小私鉄としては大健闘といえる

出所：首都圏新都市鉄道HP、『都市交通年報』（平成24年度版）、『鉄道統計年報』（平成24年度版）、駅地価.com

首都圏〝最後〟の新線

つくばエクスプレスが開業したのは２００５年。

首都圏で建設計画がある路線は実はまだいくつかあるのだが、実現性の点では大きな疑問符がつく。また、東京オリンピック開催に際しても新線計画はあるが、延伸などが主だ。建設当時から、一から新たにつくられる路線は首都圏においてこれが最後――鉄道関係者たちにそういわれたのが、このつくばエクスプレスである。運行は、この路線のためにつくられた第三セクター、首都圏新都市鉄道という会社が行っている。

いわずもがなだが、鉄道の建設には莫大な予算が必要だ。それを回収できる乗客数のメドがたち、線路を敷く土地があって、かつ鉄道の輸送力が不足している場所となると極めて限られる。この首都圏最後の鉄道建設は、同時に首都圏最後の大型沿線開発でもあった。

秋葉原からつくばに向かって東北に伸びるこの路線、駅名にやたらカタカナとひらがなが多い。20駅中８駅にひらがなかカタカナが用いられている。それが、〝新しくできた路線、駅〟という印象を強める。

大きな期待を背負って完成した路線だが、その期待を裏切ることなく営業成績は順調で、京成本線や相鉄線を上回る額の運賃収入（約３８４億円）を稼いでいる。開業年となる２００５年は

1日平均15万人ほどの乗客数だったが、その後、右肩上がりで伸び続け、2007年には20万人を突破し、約23万人。2012年には30万人を超え、2014年は32万5000人であった。朝の混雑率も、青井→北千住間で154％（2014年）を記録するなど、比較的すいているといっても、立派な「通勤ラッシュ」ぶりである。

ここ10年、大半の首都圏路線が乗客数横ばい、もしくは他路線との接続、相互乗り入れなど運行形態の変化で乗客を増やす状況にあるなか、そうした変化がまったくなく、純粋に沿線開発のみでここまで乗客数を増やしているというのは驚異的ともいえる。

大型マンションとショッピングセンターの街

近年、千葉や場所を限定せず東京近郊で新築マンションの購入を検討する若いファミリー層にとって、つくばエクスプレス沿線はなにかしら選択肢のひとつとなっていただろう。新築マンションの建設が続いたこともあるが、80㎡ほどのマンションの中古相場が、南千住であれば5000万円台あたりだが、そこから5駅、14分ほど乗った三郷中央で2000万円台前後にまで下がる。要するに、値ごろ感がある。

「つくば」と名を冠しているが、秋葉原へのアクセスのよさが、つくばエクスプレスのウリだ。JR秋葉原駅はいまだ電気街のイメージが強いが、一方、JR東日本で9番目の乗車人員を誇るターミナル駅でもある。その秋葉原へ茨城県守谷市にある守谷駅から快速で32分ほど。この速さと駅前の美しく整備された街並み。場所に固執せず、単純に快適な住環境を求める人なら魅力的に映る。ただし、速く着くものの、運賃は高い。今述べた秋葉原～守谷間は822円かかる。マンションを買って友達を呼ぼうにも、気が引ける額だ……。

さて、沿線の景色は、大きく3つに分けられる。まずは秋葉原を出て、浅草や北千住までの都市部。古くからの街がそれから少し八潮あたりまで続き、三郷中央からは開発されたニュータウン然とした雰囲気になっていく。流山おおたかの森は駅前にイトーヨーカドーが、柏の葉キャンパスにはららぽーとがあり、休日は多くの買い物客でにぎわう。守谷を過ぎると首都圏郊外というより地方という趣となる。

つくばエクスプレスあるある

事実上、「あきばエクスプレス」
運行している鉄道会社の名前はあまり知られていない
台風の中でも平常運行
乗車時間の割に運賃が高くて驚く

第2章
テーマ別
沿線ランキング

沿線をいろいろな視点で
ランキングづけすると
意外な強み、弱みがみえてくる

沿線の所得が多い路線、少ない路線

〝お金持ち〟が多く住む街を走る路線はどこ？

路線ごとにアッパーな雰囲気、庶民派な雰囲気がある。当然ながらアッパーな雰囲気の街には、所得が高い人が住んでいると考えるのが自然だが、では、実際にアッパー路線の沿線は所得が高いのか。

左ページの表は、主要私鉄の沿線ごとの世帯あたり年間所得、金融資産の上位10路線を調査したものだ（2008年、野村総合研究所調べ）。全国の都市部が対象だが、阪急今津線を除けば、すべて東京都内を走る路線となる。47都道府県別の平均収入は東京都がいちばん多いので、当然といえば当然ではあるが……。

なかでも年間所得は、京王井の頭線がトップとなる。次いで東急東横線、東急目黒線が2位、3位に入っており、東急勢が目立つ状況だ。世帯収入の全国平均が528万円ほど（2015年）

全国のエリア別所得・金融資産

■世帯当たり年間所得・上位10路線

順位	路線名	沿線1世帯当たり総所得(万円)
1	**京王井の頭線**	709
2	**東急東横線**	700
3	**東急目黒線**	689
4	東急田園都市線	688
5	小田急小田原線	678
6	東急大井町線	671
7	東急池上線	652
8	小田急江ノ島線	631
9	阪急今津線	625
10	東急多摩川線	624

■世帯当たり金融資産・上位10路線

順位	路線名	沿線1世帯当たり総所得(万円)
1	**京王井の頭線**	3,321
2	**東急大井町線**	3,242
3	**東急池上線**	3,221
4	東急目黒線	3,217
5	京王線	3,136
6	東急多摩川線	3,086
7	小田急小田原線	3,083
8	東急東横線	3,059
9	京成押上線	3,034
10	西武池袋線	3,024

出所：野村総合研究所

なのでトップ3は、それを200万円ほど上回ることになる。たしかにアッパー路線といって差しつかえない立派な額である。金融資産においても、おおよそ同様の路線が並ぶ。

このランキングは私鉄のみが対象なのでJRは入ってこないが、JRは東京都心部から長い距離を走る路線が多いので、山手線をのぞくと上位に入るのはむずかしいだろう。平均所得で考える場合、金持ちがどれだけ多くいるか、というより、金持ちがいる〝密度〟が重要になるからだ。

色々な人が住んでいるJR沿線に比べ、限られた区間を走る私鉄のほうが、特徴が出やすい。

ただ、その点では、路線の距離が82・5㎞に及ぶ小田急線（小田急小田原線）が上位に入っているのはなかなかすごいともいえるが、調査対象が東京近郊とのことなので、町田あたりまでと考えれば妥当な感じもする。

中央線は、やっぱり「アッパー路線」

先に紹介した調査結果は、２００８年のものなので少々データが古い。そこで、総務省が発表している各自治体の所得をもとに計算していこう。

ここでは、各方面に向かう路線をピックアップし、その路線が通る自治体の平均年収を計算していく。

東京駅から西へ延びていく中央線（東京〜八王子を対象とした）は、23区以西も武蔵野市や三鷹市など地価が高い路線を走っており、沿線自治体住民の一人あたり平均年収は４５９万円と、全国平均の４１５万円（２０１４年度国税庁発表）を上回る（算出方法が違うので単純な比較はむずかしく、目安としてとらえていただきたい）。

一方、東南側へ延びる総武線（御茶ノ水〜千葉を対象）は、ぐっと下がって３７３万円。実際、総武線は三鷹まで中央線と並走しているので、「下がる」という言い方は言いがかりに近いのだが、三鷹駅付近の住民が、総武線沿線ではなく中央線沿線住民と自称するのもわかる気がする。

首都圏の主要路線別沿線自治体の所得水準

■総武線（御茶ノ水〜千葉）

市区町村	所得総額（百万円）	1人あたりの平均所得（万円）
千代田区	280,561	898
台東区	372,554	394
墨田区	467,532	359
江東区	995,424	404
葛飾区	709,232	341
江戸川区	1,093,423	350
市川市	889,391	377
船橋市	1,042,806	356
習志野市	289,219	370
千葉市	1,575,249	359
平均	771,539	373

■中央線

市区町村	所得総額（百万円）	1人あたりの平均所得（万円）
千代田区	280,561	898
渋谷区	916,681	756
新宿区	829,419	508
中野区	696,103	410
杉並区	1,323,169	452
武蔵野市	369,038	503
三鷹市	392,963	435
小金井市	245,766	419
国分寺市	247,815	419
国立市	162,113	453
立川市	299,483	358
日野市	305,703	361
八王子市	886,648	352
平均	535,036	459

若者に人気の吉祥寺駅前。吉祥寺駅のある武蔵野市は所得水準が高い

埼京線、総武線は、実質的には年収400万円を割る

渋谷から南西側へ延びる東急東横線は421万円。本稿の計算方法でも、やはり高い部類に入る。横浜市、川崎市全体が計算対象に入ってしまうため、少々不利な計算になるわけだが、それでも中央線に迫る額であるあたり、さすがである。

また、池袋から東に延びる東武東上線は、郊外まで長距離を走るため平均が低い。また、最も住民の数が多い板橋区が平均を押し下げる結果となってしまった。同じく池袋を主要駅のひと

■埼京線

市区町村	所得総額（百万円）	1人あたりの平均所得（万円）
品川区	927,839	455
渋谷区	916,681	756
新宿区	829,419	508
豊島区	595,752	421
板橋区	951,477	359
北区	580,077	351
戸田市	224,990	355
さいたま市	2,213,833	380
平均	905,009	424

■東横線

市区町村	所得総額（百万円）	1人あたりの平均所得（万円）
渋谷区	916,681	756
目黒区	920,039	615
大田区	1,519,506	413
川崎市	2,792,268	389
横浜市	6,999,650	396
平均	2,629,629	421

■西武新宿線

市区町村	所得総額（百万円）	1人あたりの平均所得（万円）
新宿区	829,419	508
中野区	696,103	410
杉並区	1,323,169	452
練馬区	1,398,597	407
西東京市	349,309	382
小平市	317,335	378
東村山市	234,343	345
所沢市	555,043	345
狭山市	221,978	309
川越市	518,782	327
平均	644,408	402

■東武東上線

市区町村	所得総額（百万円）	1人あたりの平均所得（万円）
豊島区	595,752	421
板橋区	951,477	359
和光市	150,959	370
朝霞市	227,021	354
新座市	245,661	333
志木市	125,780	368
富士見市	166,212	335
ふじみ野市	166,901	338
川越市	518,782	327
鶴ヶ島市	102,418	320
坂戸市	137,572	308
東松山市	123,579	311
滑川町	24,057	309
嵐山町	22,958	287
小川町	41,641	287
寄居町	40,176	269
平均	227,559	350

著名なブランドタウンを走り抜ける東急東横線

つとする埼京線は、新宿、渋谷、品川まで延伸した甲斐もあり（？）、東横線の数値を上回るが、埼京線ユーザーは板橋区以降の住民が主流と考え、計算しなおすと、400万円に達しない。もっとも、その考え方を適用し、総武線ユーザーも墨田区以南の住民が主流として計算すると400万円に達しない。

意外と善戦しているのが東京メトロ東西線である。千葉に向かって海沿いへ走っている本路線は、413万円となっている。千葉の比較的収入が高い浦安や市川を通っており、乗客数や混雑率の高さなどもあって、地味ながらいろいろな数値が上位にある路線である。

つくばエクスプレス、相鉄線は、どちらも郊外を走る距離が長いので、400万円を切る状況だ。普通は郊外に行くにしたがって平均所得が下がるが、つくばエクスプレスにおいては、その傾向にない。千代田区、台東区についで平均所得の高い自治体が終点のつくば市であり、路線名に名を冠せられるだけの存在感がある。

■相鉄線

市区町村	所得総額（百万円）	1人あたりの平均所得（万円）
横浜市	6,999,650	396
大和市	374,802	341
海老名市	208,558	349
平均	2,527,670	392

■つくばエクスプレス

市区町村	所得総額（百万円）	1人あたりの平均所得（万円）
千代田区	280,561	898
台東区	372,554	394
荒川区	344,179	352
足立区	992,319	330
八潮市	121,889	311
三郷市	191,607	310
流山市	288,544	364
柏市	664,459	356
守谷市	110,867	374
つくばみらい市	67,441	319
つくば市	369,447	384
平均	345,806	366

■東西線

市区町村	所得総額（百万円）	1人あたりの平均所得（万円）
中野区	696,103	410
新宿区	829,419	508
千代田区	280,561	898
中央区	455,174	593
江東区	995,424	404
江戸川区	1,093,423	350
浦安市	373,443	455
市川市	889,391	377
船橋市	1,042,806	356
平均	739,527	413

出所：「統計で見る市区町村のすがた」（総務省）をもとに編集部作成
※1　所得総額は、課税対象となった前年の所得金額の合計。

JR秋葉原駅に隣接するつくばエクスプレスの秋葉原駅

乗客数が増えている路線、減っている路線

人口減少時代に、乗客数を伸ばしている路線はどこだ？

右肩上がりで伸びてきた日本人の人口が、下降線をたどろうとしている。首都圏においては、まだ微増を続けてはいるが、かつてのように人が増え、乗客も増え、というのは期待できない時代になってしまった。

そうしたなかで、乗客数を増やしている路線はどこだろうか。ここでは、2000年度と2011年度の比較で、増減率が高い路線を紹介していく。

150ページは首都圏を走るJR路線の増減率ランキングだ。トップは京葉線で、11年間で26・0％増となっている。この数値は、JRでは圧倒的だ。大型施設が続々登場し、高層マンションも増えている。東京都心部へのアクセスのよいベイエリアとして、人気のベッドタウン化したことが要因だ。続いて八高線、南武線と続くが、どちらも郊外を走る路線だ。沿線の街が成熟しきった中央線や総武線などに比べると、ポテンシャルがあったということだ。

すでに成熟した路線、山手線や総武線は2％前後の増加にとどまり、住みたい街をいくつも擁する中央線でさえ2・8％も減っている。なかでも常磐線は、全体で10・9％減、定期客にいたっては14・1％も減っている。減少に歯止めがかからない状況だ。

ただし、最も混む区間の混雑率は中央線が191％、常磐線が168％と依然として高いし、首都圏のJR路線全体でみれば、減ってはいない。JRにとって中央線はドル箱路線のひとつだが、同時に過剰な混雑率の緩和という課題も背負わされている路線だ。郊外路線の沿線の魅力が増して、乗客が分散し、「おそろしく混んでいた」路線の混雑具合が幾分か緩和されたのであれば（それでも「かなり混む路線」だが）、JRとしても、乗客としても悪い話ではない。常磐線はつくばエクスプレスの開業が乗客数減少の要因として大きい。もともとは常磐線の混雑緩和として「常磐新線」的位置づけで計画が進んでいたつくばエクスプレス。JRとしては客をとられた格好だが、目的は達せられている。

成長中の路線もひと段落

JRに比べると、私鉄は動きが大きい。

都営大江戸線が256％増でダントツのトップだ。大江戸線は1991年に開業した若い路線で、2000年12月に国立競技場～都庁前間が開通し、ここからが今の大江戸線としてのスタートとなる。それから順調に乗客数を伸ばした。都営なので、都の税金が使われているわけで、都民としては〝負債〟を背負わずに済んでめでたし、めでたしだ。

西武有楽町線は、西武池袋線と東京メトロをつなぐための2・6㎞の短い路線で、他の路線の乗客をとりこみながら、こちらもうまく成長した路線だ。

ただ、その2路線に限らず、いずれも2000年度から2011年度で見ると派手な数字が並ぶが、2005年度と比較するとだいぶ落ち着いてきている。あとは、東京オリンピックによる延伸などでどう動くかくらいで、どの路線も横ばいか微減といったところだろうか。

そもそも私鉄の主要路線(第1章で紹介した路線)で大きく増えているのは、京急本線の10・7%増が最高で、西武新宿線や相鉄線、京王線、東武東上線は減少している。東武東上線にいたっては13・0%と大きく減少しているが、その10年間の間に東京メトロ副都心線が乗り入れるなど無策であったわけではない。以降も、2013年には副都心線を介して東急東横線、みなとみらい線ともつながっており、乗客数増の期待もある。

JRの主要路線の乗客数増減率ランキング

単位（万人）

順位	線路名	区間（営業キロ）	2000〜2011年度の増減率（%）		
			定期	定期外	計
1	**京葉線**	全線（支線を含む）（54.3）	28%	23%	**26%**
2	**八高線**	八王子〜越生（39.6）	18.4%	9.7%	**15.5%**
3	**南武線**	全線（支線を含む）（39.6）	16.4%	13.3%	**15.4%**
4	武蔵野線	府中本町〜西船橋（71.8）	16.6%	11.9%	**15.0%**
5	横浜線	東神奈川〜八王子（42.6）	11.0%	17.1%	**13.2%**
6	東海道線	東京〜平塚（81.6）	7.6%	10.4%	**8.6%**
7	赤羽線	池袋〜赤羽（5.5）	6.3%	11.1%	**7.7%**
8	東北本線	東京〜栗橋（82.8）	3.9%	10.2%	**5.9%**
9	山手線	品川〜田端（20.6）	−0.4%	7.6%	**2.7%**
10	総武線	錦糸町〜御茶ノ水（4.3）	2.6%	2.3%	**2.5%**
11	青梅線	立川〜奥多摩（37.2）	0.0%	4.5%	**1.4%**
12	総武本線	東京〜八街（65.9）	0.1%	−0.9%	**−0.2%**
13	五日市線	拝島〜武蔵五日市（11.1）	−4.8%	8.3%	**−1.6%**
14	中央線	東京〜高尾（53.1km）	−4.9%	0.6%	**−2.8%**
15	常磐線	日暮里〜牛久（50.6）	−14.1%	−2.4%	**−10.9%**

出所：『都市交通年報』（平成25年度版）をもとに編集部作成

大手私鉄の主要路線の乗客数増減率ランキング

単位(万人)

順位	線路名	区間(営業キロ)	2000〜2011年度の増減率(%)		
			定期	定期外	計
1	**都営大江戸線**	都庁前〜光が丘(40.7)	307.0%	212.9%	**256.9%**
2	**西武有楽町線**	練馬〜小竹向原(2.6)	155.1%	170.8%	**160.5%**
3	**東京メトロ南北線**	目黒〜赤羽岩淵(21.3)	151.0%	91.4%	**122.6%**
4	東急目黒線	目黒〜日吉(11.9)	64.0%	67.2%	**65.3%**
5	小田急多摩線	新百合ヶ丘〜唐木田(10.6)	52.6%	59.4%	**54.7%**
6	東京メトロ半蔵門線	渋谷〜押上(16.8)	39.2%	67.5%	**49.6%**
7	東急大井町線	大井町〜溝の口(12.4)	32.8%	45.9%	**38.1%**
8	京急空港線	京急蒲田〜羽田空港(6.5)	21.0%	44.3%	**34.1%**
9	東京メトロ有楽町線	和光市〜新木場(28.3)	24.1%	22.4%	**23.4%**
10	都営三田線	目黒〜西高島平(26.5)	22.6%	13.0%	**18.6%**
11	西武多摩川線	武蔵境〜是政(8.0)	13.4%	23.4%	**17.1%**
12	東急田園都市線	渋谷〜中央林間(31.5)	8.2%	18.3%	**11.7%**
13	京急本線	泉岳寺〜浦賀(56.7)	2.9%	21.9%	**10.7%**
14	東急世田谷線	三軒茶屋〜下高井戸(5.0)	12.6%	5.0%	**8.5%**
15	京成押上線	押上〜青砥(5.7)	1.9%	22.3%	**7.6%**
16	東京メトロ東西線	中野〜西船橋(30.8)	1.8%	18.5%	**7.5%**
17	京成本線	京成上野〜成田空港(69.3)	−2.9%	27.1%	**7.1%**
18	東急東横線	渋谷〜横浜(24.2)	5.4%	9.1%	**6.9%**
19	都営浅草線	押上〜西馬込(18.3)	2.1%	12.8%	**6.3%**
20	小田急江ノ島線	相模大野〜片瀬江ノ島(27.4)	2.6%	11.4%	**5.8%**

順位	線路名	区間（営業キロ）	2000〜2011年度の増減率（%）		
			定期	定期外	計
21	東急池上線	五反田〜蒲田（10.9）	3.8%	6.4%	**4.8%**
22	東急多摩川線	多摩川〜蒲田（5.6）	5.3%	120.6%	**4.5%**
23	京王井の頭線	全線（12.7）	−2.1%	9.8%	**2.8%**
24	東京メトロ千代田線	北綾瀬〜代々木上原（24.0）	−7.5%	25.4%	**2.1%**
25	西武池袋線	全線（支線を含む）（84.8）	−2.7%	6.0%	**0.5%**
26	東武伊勢崎線	浅草〜鷲宮（52.1）	−6.0%	11.9%	**−0.5%**
27	西武多摩湖線	国分寺〜西武遊園地（9.2）	−8.3%	9.7%	**−1.2%**
28	東京メトロ丸ノ内線	池袋〜荻窪、方南町（27.4km）	−0.4%	−3.1%	**−1.7%**
29	西武新宿線	全線（支線を含む）（72.0）	−4.5%	0.2%	**−2.7%**
30	東京メトロ銀座線	渋谷〜浅草（14.3）	−7.3%	1.7%	**−2.8%**
31	東京メトロ日比谷線	北千住〜中目黒（20.3）	−10.3%	5.7%	**−4.0%**
32	相鉄線	横浜〜海老名（24.6）	−6.1%	−1.6%	**−4.6%**
33	京王線	全線（支線を含む）（72.0）	−7.3%	−3.6%	**−5.9%**
34	東武東上線	池袋〜坂戸（40.6）	−16.4%	−6.0%	**−13.0%**
35	東武亀戸線	曳舟〜亀戸（3.4）	−15.7%	−9.2%	**−13.3%**
36	京成金町線	京成高砂〜京成金町（2.5）	−15.6%	−14.4%	**−15.1%**
37	東武大師線	西新井〜大師前（1.0）	−29.7%	−29.9%	**−29.8%**
—	京成成田空港線（成田スカイアクセス線）	京成高砂〜成田空港（51.4）	—	—	**—**
—	東京メトロ副都心線	小竹向原〜渋谷（11.9）	—	—	**—**

出所：『都市交通年報』（平成25年度版）をもとに編集部作成

※東急目黒線は2008年6月、東京メトロ半蔵門線は2003年3月、東急大井町線は2009年7月、東急東横線は2004年2月に区間変更

定期客比率が高い路線、低い路線

朝夕混雑する通勤、通学に使われる路線はどこ？

ビジネスパーソンの通勤手段として、自転車がブームになっていたこともあったが、やはり電車での通勤が一般的である。混雑する通勤電車は〝痛勤〟電車とも呼ばれる程で、定期はその〝痛勤の象徴〟……というと大げさだが、ここではその定期券を利用した乗客が多い路線はどれか、みていこう。

路線はそれぞれにいろいろな〝顔〟があるわけで、地方であれば観光客が多い路線、高校生用の路線などあるが、首都圏は多くが通勤・通学路線である。ＪＲでは首都圏の大半の路線が、定期客の比率が6割を超えているし、大手私鉄においても、おおよそ5割を超えている状況だ。

この定期券客の割合が高い路線こそが、朝夕の時間帯に乗客が集中する路線ということになる。ちなみに、そんな路線を避ければ快適な通勤生活が……と考えられなくもないが、あくまで割合

首都圏のおもなJR各線の定期客の割合ランキング

単位：1千万人キロ（輸送人キロ）

順位	路線名	区間（営業キロ）	定期	定期外	計	定期客の割合
1	鶴見線	全線（9.7）	42	7	49	84.4%
2	五日市線	全線（11.1）	79	29	108	73.0%
3	高崎線	大宮～吹上（27.3）	1,610	607	2,218	72.6%
3	赤羽線	全線（5.5）	1,021	385	1,407	72.6%
5	川越線	全線（30.6）	434	167	601	72.2%
6	常磐線	日暮里～牛久（50.6）	4,656	1,814	6,471	72.0%
7	総武本線	東京～八街（65.9）	6,735	2,693	9,429	71.4%
7	東北本線	東京～栗橋（82.8）	9,711	3,891	13,603	71.4%
9	総武線	錦糸町～御茶ノ水（4.3）	776	317	1,094	70.9%
10	青梅線	全線（37.2）	607	257	864	70.3%
11	東海道線	東京～平塚（81.6）	13,808	5,950	19,758	69.9%
12	京葉線	全線（54.3）	2,187	946	3,134	69.8%
13	根岸線	全線（22.1）	984	440	1,424	69.1%
14	武蔵野線	府中本町～西船橋（71.8）	2,694	1,221	3,915	68.8%
15	横浜線	全線（42.6）	2,326	1,111	3,438	67.7%
16	横須賀線	全線（23.9）	352	187	539	65.2%
17	中央線	東京～高尾（53.1）	7,785	4,254	12,040	64.7%
18	**山手線**	全線（20.6）	4,946	3,026	7,973	**62.0%**

出所：『都市交通年報』（平成24年度版）をもとに編集部作成

首都圏のおもな大手私鉄路線の定期客の割合

単位：千人（輸送人員）

順位	路線名		定期			定期外	定期客の割合
			通勤	通学	計	計	構成比
1	東武	越生線	3,270	7,280	10,550	3,131	77.1%
2	小田急	多摩線	18,855	12,791	31,646	15,063	67.8%
3	京成	押上線	45,917	5,829	51,746	25,736	66.8%
4	東武	野田線	84,083	35,795	119,878	62,928	65.6%
5	東武	東上線	168,175	63,692	231,867	124,070	65.1%
6	都営	日暮里・舎人ライナー線	12,357	2,456	14,813	8,037	64.8%
7	東武	伊勢崎線	182,076	55,170	237,246	129,106	64.8%
8	相鉄	本線	115,309	30,432	145,741	79,895	64.6%
9	横浜市	4号線	20,985	6,345	27,330	15,309	64.1%
10	メトロ	千代田線	227,628	34,527	262,155	148,976	63.8%
11	東急	田園都市線	212,105	59,908	272,013	161,870	62.7%
12	東急	東急多摩川線	27,388	5,448	32,836	19,595	62.6%
13	メトロ	東西線	259,241	41,922	301,163	181,320	62.4%
14	西武	新宿線	142,897	52,018	194,915	118,172	62.3%
15	都営	都営三田線	105,250	23,706	128,956	80,242	61.6%
16	京急	大師線	13,961	1,147	15,108	9,402	61.6%
17	西武	池袋線	156,148	46,016	202,164	126,072	61.6%
18	メトロ	有楽町線	188,679	26,869	215,548	134,477	61.6%
19	小田急	小田原線	309,215	126,652	435,867	274,201	61.4%
20	都営	都営新宿線	127,687	19,825	147,512	95,350	60.7%
21	京成	成田線	146,296	38,383	184,679	120,410	60.5%

順位	路線名		定期			定期外	定期客の割合
			通勤	通学	計	計	構成比
22	東急	目黒線	60,073	13,259	73,332	48,064	60.4%
23	東武	亀戸線	6,678	1,257	7,935	5,241	60.2%
24	横浜市	Ⅰ・3号線	89,743	19,766	109,509	72,667	60.1%
25	京成	金町線	5,661	1,099	6,760	4,617	59.4%
26	メトロ	南北線	81,193	19,158	100,351	69,028	59.2%
27	京王	京王線	216,419	69,176	285,595	201,695	58.6%
28	京成	本線	94,462	31,352	125,814	89,697	58.4%
29	メトロ	半蔵門線	163,692	24,942	188,634	138,675	57.6%
30	東急	東横線	187,160	53,762	240,922	177,219	57.6%
31	東急	大井町線	71,887	23,279	95,166	70,271	57.5%
32	都営	都営浅草線	121,651	11,072	132,723	99,229	57.2%
33	メトロ	副都心線	59,980	15,972	75,952	57,672	56.8%
34	京急	本線	188,352	41,958	230,310	176,366	56.6%
35	メトロ	日比谷線	207,612	15,881	223,493	171,264	56.6%
36	京王	井の頭線	78,023	33,947	111,970	88,962	55.7%
37	都営	都営大江戸線	146,502	16,722	163,224	138,144	54.2%
38	メトロ	丸ノ内線	195,401	28,919	224,320	190,266	54.1%
39	京成	東成田線	256	103	359	360	49.9%
40	東急	世田谷線	6,681	2,947	9,628	10,468	47.9%
41	メトロ	銀座線	171,438	7,621	179,059	200,030	47.2%
42	都営	三の輪早稲田軌道線	6,269	908	7,177	9,268	43.6%

注：京成電鉄の本線、金町線、東成田戦、押上線は、成田線の内数。
出所：『鉄道統計年報』（平成24年度版）をもとに編集部作成

の問題なので、そんなことはない。乗客の数がそもそも圧倒的に多ければ、定期券の客の割合が少なくても当然混む。155ページに示した表はJRの首都圏路線の定期客の割合である。最も定期客の割合が低いのは山手線で62・0%となるが、通勤時間帯に山手線が空いていると感じている人はいないだろう。日中の乗客も圧倒的に多いので、定期券の乗客の割合が下がっているだけだ。

東武東上線は通勤以外で乗る理由がない

また、この表は、ちょっと複雑な話になるが、「輸送人キロ」という鉄道独自の計算方法を使っている。何人が何キロ乗ったかを示す数値で、たとえば5人がそれぞれ3キロ乗ったら、5×3＝15人キロという具合だ。多くの人が長い距離に乗れば乗るだけ、この数値は大きくなる。山手線の定期客の輸送人キロは494億6000万人キロで、常磐線の465億6000万人キロより多い。山手線に何十分も乗るようなケースはあまりないし、常磐線の乗客のほうが長い距離を乗っているはずだが、それでも山手線のほうが多い。どれだけ多くの定期客が山手線にいるかがわかる。

大手私鉄の路線の定期客の割合の表（156〜157ページ）は、JRの表と異なり、単純に乗客の数だ。

首都圏のおもな中小私鉄路線の定期客の割合

単位：千人（輸送人員）

順位	路線名	定期			定期外	定期客の割合
		通勤	通学	計	計	構成比
1	埼玉高速鉄道	20,234	2,329	22,563	9,531	70.3%
2	東葉高速鉄道	27,107	6,259	33,366	15,557	68.2%
3	北総鉄道	21,452	5,478	26,930	12,691	68.0%
4	新京成電鉄	50,741	13,287	64,028	37,380	63.1%
5	埼玉新都市交通	7,105	2,560	9,665	6,911	58.3%
6	多摩都市モノレール	12,785	13,553	26,338	19,641	57.3%
7	東京臨海高速鉄道	39,966	2,737	42,703	38,512	52.6%
8	横浜新都市交通	8,777	422	9,199	8,492	52.0%
9	千葉都市モノレール	6,687	1,361	8,048	8,400	48.9%
10	横浜高速鉄道	27,727	1,775	29,502	34,405	46.2%
11	東京モノレール	17,989	114	18,103	27,145	40.0%
12	ゆりかもめ	12,779	491	13,270	26,110	33.7%

出所：『鉄道統計年報』（平成24年度）をもとに編集部作成

主要路線のなかで最も定期客が多いのが東武東上線で65・1％。ほかにも相鉄本線が64・6％と高い。理由としては、少々逆説的ではあるが、定期外の乗客が少ないためといえる。いってしまえば、通勤・通学以外で乗る理由があまりない路線ということだ。

定期客の数自体は、東武東上線と京急本線ではあまり変わらない。が、定期客の割合でいうと、9ポイントほど差が開く。京急線は羽田空港へのアクセスに使われる路線で、沿線住民以外が利用することが差がつく理由だろう。

痴漢被害の多い路線

痴漢が多いという噂の路線は本当にそうなのか?

電車内の痴漢は、身近で、そして異様な犯罪である。女性にわいせつな行為をする犯罪は他にもあるが、多くは、人の目の届かない暗がりや密室で行われる。しかし、電車内の痴漢は、大勢の人がいる満員電車が舞台である。

2010年に、首都圏で延べ46日間にわたって痴漢取り締まりが強化されている。この期間、公然わいせつ、盗撮を含めて、わいせつ行為で161件が摘発された。被害者の内訳は、高校生が36・1%ともっとも多い。未成年の高校生の場合、泣き寝入りすることも多いと想定される。そうすると、彼女たちの被害は実際はもっと深刻なはずだ。

別の調査で、大都市圏で起きた電車内の痴漢(2010年6~7月)を対象に、被疑者219人の分析が行われた。発生時間帯は7~9時の朝ラッシュ時間帯が55・3%と過半数を占める。

東京都内の痴漢摘発件数

2004年	検挙件数	2010年	検挙件数
埼京線	217	中央線	117
中央線	188	埼京線	100
総武線	121	山手線	86
京王線	121	京王線	86
山手線	119	総武線	71
東西線	105	東西線	67
千代田線	95	西武池袋線	65
東急田園都市線・新玉川線	56	小田急線	57
小田急線	80	東急田園都市線	53
西武池袋線	79	西武新宿線	50

出所：2004年は警視庁「卑わい行為被害路線別検挙件数」、
2010年は警視庁生活安全総務課

被疑者の特徴は、30代が31・3％で、6割超が会社員である。彼らの多くは、通勤・通学の路線、通勤・通学の時間に犯行に及んでいる。そして、被疑者の8割は、被害者に目を付けたのを「その日」だと答えている。この犯罪の典型的なパターンは、通勤途中のサラリーマンが、その日に目を付けた若い女性（特に女子高生）を狙い、わいせつな行為に及ぶものなのだ。

性的欲求を抑えられない会社員と、たまたま目をつけられた若い女性。どこの路線でも犯罪は起き得るが、痴漢の発生状況は路線によって異なる。上に2010年と2004年のデータを示したが、巷間言われるように、やはり埼京線で痴漢が多いのは明らかだ。しかし、それだけではなく、このデータからはもっと多くのことが読み取れる。

まず、埼京線の被害件数は多いものの、だからと言ってダントツというわけではなく、中央線なども多いということに気づく。埼京線はともかく、中央線には痴漢が多いというイメージはない。しかし、2010年のデータでは、埼京線を抜いて中央線がワースト1位になっている。

2010年は、埼京線に初めて車内防犯カメラが設置された年である。埼京線の中でも、1号車（大宮方）は特に混雑が激しく、その中でも運転台寄りは「痴漢被害が頻発している」（JR東日本のプレスリリース）とのことで、この場所に限って防犯カメラが設置された。このニュースは話題になり、そのことが痴漢の抑制効果につながっている。2010年は、その特殊要因が作用した年である。

次に気づくのは、地下鉄の件数が少ないことだ。2010年のデータでは、ランクインしているのは東西線のみ。これはなぜだろうか。

地下鉄は乗客が車窓を眺めないため、車内に目線が多くなって痴漢が露見しやすく、それが抑止効果になる、そのように考えてみた。実際、車内広告の単価は、地下鉄だと乗客の目に入りやすいため割高に設定されるし、東西線は地上区間が長い。しかし、東西線は混雑率がもっとも高い路線であり、東京の地下鉄の中では群を抜く。東西線だけがランクインしたのも、地上区間の

首都圏の主な混雑する路線(区間)

路線名	区間	時間帯	混雑率
山手線	上野→御徒町	7:49～8:49	199%
山手線	新大久保→新宿	7:51～8:51	165%
中央線	中野→新宿	7:54～8:54	191%
京浜東北線	上野→御徒町	7:50～8:50	197%
常磐線	松戸→北千住	7:30～8:30	168%
総武線	新小岩→錦糸町	7:34～8:34	178%
南武線	武蔵中原→武蔵小杉	7:30～8:30	195%
埼京線	板橋→池袋	7:50～8:50	188%
東海道線	川崎→品川	7:39～8:39	182%
横須賀線	武蔵小杉→西大井	7:34～8:34	192%
小田急線	世田谷代田→下北沢	7:46～8:48	189%
田園都市線	池尻大橋→渋谷	7:50～8:50	185%
東西線	木場→門前仲町	7:50～8:50	200%

出所:国土交通省

長さよりも、その混雑率が要因と考えた方が自然だろう。

ランキング上位に入った他の路線、埼京線、中央線、山手線、総武線なども、やはり混雑が激しい路線である。埼京線の場合、車両による混雑の偏りが大きいため、車両によっては首都圏トップクラスの混雑になる。やはり、混雑率と痴漢の相関関係は強いと言えそうだ。

駅間距離が長いと被害に遭いやすい?

三つ目に気になるのは駅間距離である。「埼京線で痴漢が多いのは駅間が長いから」と解説されることが多いが、それは本当だろうか。

その点では、山手線が上位に入るのが

不思議である。確かに、埼京線は池袋～大崎で駅間が長く、中央線快速も中野～御茶ノ水は同様だ。しかし、高崎線、常磐線、横須賀線、東海道線などの中距離路線がランクインしていない。特に、横須賀線（武蔵小杉～西大井）の混雑率は192％（2014年度）、同じく東海道線（川崎～品川）は182％と、混雑率は十分に高い（首都圏でも混雑率190％以上はかなり高い部類に入る）。どうやら、駅間の長さと痴漢発生率の相関関係は、単なる都市伝説に過ぎないようだ。

この駅間距離については、犯罪者の立場でも考えてみたい。先ほどの被疑者調査によれば、電車内の痴漢は約6割がドア付近で起きている。その中でも、ドア脇と座席で角になっている部分で多発する。この場所は、他の乗客の死角となるだけでなく、捕まりそうになったとき、ドアが開けばホームに出られる場所でもある。

駅間が長いと、痴漢をする時間も長くなり、犯罪者には好都合だと思われがちだ。一方で、犯罪者が密室に閉じ込められる時間も長くなる。先に書いた通り、彼らは「その日」にターゲットを決めている。その女性がどういう人か、痴漢にあっても声を上げられない人なのか、毅然と立ち向かう人なのか、彼らは確信がないまま犯行に及ぶのだ。詐欺のような、いわゆる「カモリスト」からターゲットを選ぶ犯罪とは違い、捕まるリスクを顧みない「雑な犯罪」である。しかも、犯罪の代償は小さくない。電車内の痴漢は、都道府県の迷惑防止条例違反が適用されるが、被害者が負う心の傷が大きく、加害者も社会的に罰を受ける。それだけに、人ごみに紛れるなどの逃げ道があることが、この犯罪の発生要件になっていると想像できる。

娘を私立に通わせるなら半蔵門線がおすすめ!?

これまでみてきたように、痴漢は、混雑率との相関関係があり、駅間距離との関係はないことが分かった。しかし、それだけでは、すべてを説明できない。

もう一度データを見てみよう。埼京線、山手線を除くと、東京の中心を横断している路線が多いことに気づく。混雑率から考えても、新宿を起点とする京王線が上位に入り、渋谷から南西に延びる東急東横線が入らないのは不思議だ。何らかの地理的な要素があるのだろうか。その線で推理してみよう。

痴漢の被害者は、女子高生が多いのは見てきたとおりだが、その中でも、公立高校の生徒より、私立高校の生徒の方が被害に遭う確率が高いと考えられる。通学距離が長いためだ。さらに都内の私立高校は中高一貫が多いので、彼女らは私立中学に入学したはずだ。では、私立中学への進学率が高い地域はどこだろう。都内公立小から私立中への進学率を調べてみると、千代田区、文京区、中央区、渋谷区、港区の中心区に続き、世田谷区と目黒区で進学率が高い。まさに東急東横線の沿線である。この路線は女子高生も多いだろうと想像できるし、混雑率も高いため、痴漢も多いと推定できる。ところが、実際には比較的低いのである。

また、相関関係が明らかな混雑率についても、京浜東北線がランクインしないのが不思議だ。同じ理由で、横須賀線が入らないのもわからない。

これ以上の原因究明は難しい。しかし、被害の発生状況がわかっているのだから、対策を考えることはできるはずだ。頭を切り替えて、娘を私立に通わせたいと考える家庭を想定して、どういう沿線選びが望ましいかを考えてみたい。

都内にある私立高校（男子校を除く）を俯瞰すると、郊外にも点在しているが、文京区、港区などが比較的多く、それ以上に何と言っても、九段下、半蔵門、市ヶ谷、神保町、水道橋あたりが女子校の密集地であることに気づく。この付近は地下鉄の路線が多いため、痴漢が多い中央線や総武線、また地下鉄東西線を避けたとしても、他の路線で十分に通学できる。その中でも、半蔵門線、都営新宿線、都営三田線は役立つ路線だろう。そうなると、都営三田線の沿線にある板橋区や、都営新宿線の沿線である市川市に住むと便利である。地下鉄だけで都心に入れるし、東京西部より住居費が安い。

痴漢対策だけで沿線を選ぶことは少ないと思うが、沿線選びをする際に、娘が私立に通うことを仮定して、教育環境や通学を判断材料に加えるのは重要だろう。

参考文献：佐藤愛「電車内での性的いやがらせが多発している路線の特徴―混雑率の高い10路線で比較する」（玉川大学リベラルアーツ学部2015年度卒業論文）

遅延が多い路線、少ない路線

朝の通勤時、時間どおりに走る路線はどこ？

電車を利用する人たちにとって最大のストレスといえば、遅延だろう。決まった時刻に着くという点が鉄道の魅力のわけだが、それを大きく裏切られるがゆえにイライラ度合いも大きい。

第1章の冒頭でも遅延について触れたが、ここで再度詳しく見ていこう。各路線の定刻率などは公表されていないが、どのくらい遅れているのか、遅延証明書の発行状況で知ることができる（遅延証明書は10分以上の遅れで発行される）。路線ごとの数は18〜19ページで見ていただくとして、全体として言えることは、都内を走るＪＲ路線と東京メトロは、平日はほぼ遅れているといっていい。２０１３年11月に限定した調査ではあるが、半蔵門線にいたっては、毎日発行している。

次いで多いのが山手線の90％、京浜東北線、中央線、東海道線、横須賀線、宇都宮線、高崎線、総武線、埼京線はいずれも80％超えだ。東京メトロも半蔵門線をはじめ東西線、千代田線、南北線、副都心線が70%を超している。

　これはなぜかというと、東京メトロの場合は相互乗り入れ運転を行っているからだ。朝の10分遅れの理由の多くを「他線」が占めるが、郊外を発車した電車が少しずつ遅延していき都市部に入ったところで決定的に遅れるというわけだ。

1週間(平日5日間あたり)の遅延発生回数

週3回以上	埼京・川越線(大崎〜武蔵高荻)
週2回以上	横須賀線・総武快速線(大船〜稲毛)
	東海道線(東京〜湯河原)
	中央快速・中央本線(東京〜甲府)
	中央・総武線各停(三鷹〜千葉)
週1.5日以上	山手線
	京浜東北・根岸線
	有楽町線
	半蔵門線
週1日以上	小田急線
	常磐快速・常磐線(上野〜羽島)
	南北線
	副都心線
	東急東横線
	東急田園都市線
	常磐線各停(綾瀬〜取手)
	東西線
週0.5日以上	西武池袋線
	西武新宿線
	東武東上線
	京王線
	京葉線

出所:「遅延対策ワーキング・グループ　報告資料」(国土交通省)をもとに編集部作成
注:2014年9月1日〜2014年12月26日の統計データを1週間(平日5日間)当たりに換算

　上の表は、2014年9月から12月までの4カ月の遅延状況を調査し、1週間あたりに換算したもの。ここでも上位はJRの路線と東京メトロの路線で占められる。なかでも埼京・川越線は20〜30分の遅延が週0・5日以上ある。10分以内なら「仕方ないな」です

鉄道会社別事故の件数

鉄道会社名	件数	死傷者数	負傷者数	列車走行百万キロあたりの件数
ＪＲ東日本（関東のみ）	114	26	84	0.63
東武鉄道	24	7	19	0.62
西武鉄道	17	4	9	0.81
京成電鉄	8		3	0.59
京王電鉄	14	1	13	0.97
小田急電鉄	19	8	9	0.92
東京急行電鉄	20	3	17	1.07
京浜急行電鉄	11	4	7	0.78
相模鉄道	3		3	0.59
東京地下鉄	9	1	8	0.26
東京都交通局	4	1	3	0.24
首都圏新都市鉄道				0

出所：『鉄道統計年報』（平成25年度版）をもとに編集部作成

ませている人も、20〜30分の遅延となればおだやかではいられないだろう。それが2週に1日の割合で起こっているとなると、怒り爆発もしくは……悟りの境地が必要だ。

ただし、これは全体の遅延状況だが、遅延の94％が部外要因——つまりその鉄道会社のせいで遅れているわけではない。広い心で受け入れる必要があるということだ。

地下鉄は事故が少ない

「お客様混雑」で遅れるのは、自分もその「お客様」なので仕方ないし、遅れも数分なので我慢できる。これが事故を知らせるアナウンスが入ると、絶望的な気持ちになる。では、事故が多い路線とはどこか、と話を進めたいところだが、そうした数値は公表されていない。なので、ここは参考として鉄道会社ごとの事故件数を見ていこう。

鉄道の事故は、列車脱線、列車火災、踏切障害、道路障害、人身障害、物損などが分けられるが、件数が圧倒的に多いのは踏切障害、人身障害だ（ちなみに2013年度においては、東急東横線で列車脱線が、JR東日本で火災事故がそれぞれ1件あったのみ）。

件数だけをみるとJRが圧倒的に多いが、それは運行している路線の距離が長く電車もたくさん走っているからで、その比率でみると平均より件数は少ない。また、東京メトロ、東京都交通局（都営地下鉄）の地下鉄勢が目立って事故が少ないが、これは基本的に線路内に踏切がないためである。同様に首都圏新都市鉄道（つくばエクスプレス）も踏切がなく、ホームドアも設置されており、事故になる要因を極力減らしているため、2013年度の事故件数はゼロとなった。

第3章
沿線イメージのウソと真実

各沿線に特有なイメージはどうしてできた？
沿線開発の歴史から現在の
ヒエラルキー誕生、異変まで

協力：HOME'S総合研究所　副所長　中山登志朗
HOME'S事業本部　事業統括部　堀幸弥

沿線開発のビジネスモデルを築いた小林一三

日本で鉄道沿線の開発が本格化したのは大正時代に入ってからで、箕面《みのお》有馬電気軌道（現・阪急電鉄）の総帥だった小林一三《いちぞう》がビジネスモデルの基盤を築いた。

小林は元々銀行員だったが、退職して証券会社の設立に奔走し、銀行員時代の上司だった岩下清周《きよちか》の紹介で阪鶴《はんかく》鉄道（現・JR福知山線）の経営陣に加わった。その後、箕面有馬電気軌道の専務に就任したが、社長が不在だったことから小林が事実上の経営者となった。

1910年、梅田駅―宝塚駅、石橋駅―箕面駅間を開業させたが、沿線は田園地帯で人口も少なく、「ミミズ電車」と揶揄されていた。だが小林は沿線の田畑を買収し、住宅地として開発するという手段に出る。それまで鉄道は運賃で稼ぐのが常識だったが、小林はそれを打ち破り、沿線開発という収益モデルを生み出したのである。

小林が最初に手がけた宅地開発は、大阪府池田市西部に位置する池田室町である。「模範的郊外生活」という生活スタイルを提唱し、住宅だけでなく病院や学校、商店、果樹園、社交倶楽部などを設置した。さらに町内会組織である「室町委員会（後の室町会）」を結成し、都心に勤務するサラリーマンのための住宅地を整備した。こうした取り組みによって、池田室町は今も高級住宅街の座を維持し続けている。

１９１８年、小林は社名を阪神急行電鉄（阪急）と改め、固定乗車客を増やすために大学の誘致をはかった。その結果、関西学院と神戸女学院の誘致に成功し、阪急沿線のブランドイメージの向上にもつながった。また、小林はターミナル・デパートの設立にも着手し、１９２９年、梅田駅に直営の阪急百貨店をオープンさせた。これにより買い物客の自宅から百貨店という流れが生まれ、乗客の掘り起こしに成功した。

小林一三（1873〜1957）
鉄道を起点とした都市開発の先駆者で、日本で初めての田園都市構想を実現させた。宝塚歌劇団や阪急ブレーブスなどの興行業でも成功を収めた

そして、沿線に娯楽施設をつくるというビジネスモデルを確立させたのも小林である。百貨店によって都心へ向かう電車を満員にしたが、都心から逆方向の終点にエンタテインメントの拠点を設け、都心から向かう電車も満員にしたのである。逆方向の終点は宝塚駅だったので、１９１１年に大浴場「宝塚新温泉」、１９１４年に後の宝塚

歌劇団となる「宝塚唱歌隊」をそれぞれ宝塚に創設し、阪急を代表する集客コンテンツに成長させた。

他にも、小林はプロ野球による集客にも目をつけ、1936年に「大阪阪急野球協会（後の阪急ブレーブス）」を設立した。「私が死んでもタカラヅカとブレーブスは売るな」と言い残したほどの小林の肝入り事業だったが、1988年にブレーブスはオリエント・リース（後のオリックス）へ譲渡された。だが2006年に阪神電気鉄道を傘下に収めたことで、現在は阪神タイガースの親会社になっている（ただし、阪急側はタイガースの球団経営に関与していない）。

鉄道会社の球団取得はその後も相次ぎ、パ・リーグでは東急フライヤーズ（現在の北海道日本ハムファイターズ）、西鉄ライオンズ→埼玉西武ライオンズ、大阪近鉄バファローズ、南海ホークス（現在の福岡ソフトバンクホークス）、セ・リーグでは阪神タイガース、国鉄スワローズ（現在の東京ヤクルトスワローズ）が誕生した。一時は6~7チームの親会社が鉄道会社という時代もあったが、現在は阪神、西武の2チームだけである。

ライバルの追随を許さない東急のイメージ戦略

小林の施策は多くの鉄道経営者に影響を与えたが、最も成功したといえるのが東急（東京急行電鉄）である。

東急の母体企業は、「日本資本主義の父」と呼ばれた渋沢栄一が設立した田園調布株式会社不動産資本会社である。文字どおり田園調布を開発するために設立された会社で、渋沢はこの地に理想の都市をつくることを夢見ていた。だが田園調布は都心からかなり離れており、交通の便が悪すぎた。そこで鉄道院出身で、当時は武蔵電気鉄道に勤めていた五島《ごとう》慶太に鉄道を建設させた。当初、この事業は阪急の小林一三が顧問という形で進めていたが、関西に拠点を置く小林が全面的に指揮するのは難しかった。そこで小林は五島に白羽の矢を立て、実務担当者として鉄道敷設に従事させたのである。

渋沢栄一（1840〜1931）
「日本資本主義の父」と呼ばれた近代を代表する実業家。東急の前身である田園都市株式会社のほか、秩父鉄道や京阪電気鉄道の創業に携わった

五島は小林の手法を参考に、百貨店や娯楽施設などをつくって沿線の付加価値を高めた。そして他の鉄道会社を次々と買収し、現在の東急に京急、小田急、京王、相

鉄を加えた「大東急」と呼ばれる大勢力を築いた（戦後解体される）。だが時に自分が欲しい企業を強引な手法で手に入れることから、五島は「強盗慶太」とも呼ばれた。

五島慶太（1882〜1959）
東京急行電鉄の事実上の創業者。池上電気鉄道や玉川電気鉄道といった競合会社を次々と買収し、強引な手口から「強盗慶太」の異名をとった

小林が鉄道に客を呼び込むために阪急百貨店を建設した手法を真似て、五島も百貨店事業への参入に意欲を燃やした。渋谷にあった玉電百貨店を買収して東横百貨店の西館とし、さらに１９５６年には老舗百貨店の白木屋を傘下に収め、百貨店事業を本格化させていった。

そして五島は学校の誘致にも力を入れ、慶應義塾大学に７万坪以上の土地を無償譲渡して、１９３４年に日吉台キャンパスを開設させた。また東京府青山師範学校（後の東京学芸大学）、東京府立高等学校（後の東京都立大学）も誘致し、東急沿線は学園都市としての付加価値も高めていった。

首都圏“買って住みたい街”ベスト20駅（2016年版）

順位	駅名	路線名
1	吉祥寺	ＪＲ中央線ほか
2	横浜	ＪＲ京浜東北線ほか
3	恵比寿	ＪＲ山手線ほか
4	品川	ＪＲ山手線ほか
5	武蔵小杉	東急東横線ほか
6	池袋	ＪＲ山手線ほか
7	二子玉川	東急大井町線ほか
8	荻窪	ＪＲ中央線ほか
9	新宿	ＪＲ山手線ほか
10	鎌倉	ＪＲ横須賀線ほか
11	目黒	ＪＲ山手線ほか
12	藤沢	ＪＲ東海道線ほか
13	川崎	ＪＲ京浜東北線ほか
14	渋谷	ＪＲ山手線ほか
15	大宮	ＪＲ京浜東北線ほか
16	川口	ＪＲ京浜東北線ほか
17	中目黒	東急東横線ほか
18	自由が丘	東急東横線ほか
19	三鷹	ＪＲ中央線ほか
20	国立	ＪＲ中央線ほか

出所：「HOME'S PRESS」HOME'S総合研究所（株式会社ネクスト）

両校の最寄り駅は「学芸大学」「都立大学」と学校の名前が冠されたが、現在は両大学とも移転している。そのため、「駅の名前を変更すべき」という意見も出たが、地元住民の反対で見送られた。学園都市としてのブランドを維持するため、存在しない大学の名前を駅名に入れ続けているのだ（ただし、学芸大学駅から徒歩15分の場所に学芸大学の附属高校がある）。

東急は不動産会社が母体だったこともあり、沿線の宅地・都市開発には特に力を入れてきた。なかでも東横線と田園都市線の始発駅である渋谷は、さながら「東急村」のような様相を呈している。

現在も東急不動産、東急リバブル、東急建設といったグループ会社が一体となって開発事業を行っているが、これは他の鉄道会社にはない特色でもある。他の鉄道会社にも不動産会社はあるが、仲介や流通を主たる業務としており、自分たちが主体となって開発を行うことはあまりない。

また東急はイメージ戦略にも力を入れており、「住みたい街」「沿線ブランド」といったランキングでも、駅や路線が軒並み上位にランクインしている。沿線の各論については第4章で述べるが、特に東横線と田園都市線はイメージ戦略が大当たりした路線として広く知られている。

例えば、HOME'S総研が発表した首都圏「借りて住みたい街」ランキングの2016年版では4位に中目黒（東横線）、5位に武蔵小杉（東横線）、7位に自由が丘（東横線）がランクインしており、「買って住みたい街」ランキングでは5位に武蔵小杉（東横線）、7位に二子玉川（田園都市線）が入っている。

また現在は圏外にはじき飛ばされてしまったが、田園調布もかつては「住みたい街」ランキングの上位常連だった。田園調布がかもし出す高級な雰囲気が他の駅にも波及し、東急沿線全体（特に東横線と田園都市線）がブランド化されていった。なかでも田園都市線のつくし野やたまプラーザ、青葉台などは、1983〜85年に放送されたドラマ『金曜日の妻たちへ』の舞台になったことで、オシャレなイメージが植えつけられた。田園都市線の駅から車で5〜10分の場所に戸建てを買い、週末にはパーティーを開くのが、当時のハイセンスな大人の嗜みだった。

「社長の住む街」人気ランキング

【2003年】

順位	駅名	人数
1	**田園調布**(大田区)	532
1	成城(世田谷区)	532
3	大泉学園町(練馬区)	495
4	南青山(港区)	482
5	亀戸(江東区)	454
6	神栖(茨城県)	451
7	奥沢(世田谷区)	447
8	竜王町(山梨県)	443
9	府中町(広島県)	428
9	大島(江東区)	428
11	久が原(大田区)	419
11	葉山町(神奈川県)	419
13	本駒込(文京区)	417
13	等々力(世田谷区)	417
15	神辺町(広島県)	409
16	代々木(渋谷区)	401
17	那珂川町(福岡県)	399
18	高輪(港区)	397
19	神宮前(渋谷区)	380
20	赤坂(港区)	377
20	深沢(世田谷区)	377
20	師勝町(愛知県)	377

【2014年】

順位	駅名	人数
1	赤坂(港区)	2013
2	代々木(渋谷区)	1777
3	西新宿(新宿区)	1763
4	南青山(港区)	1697
5	六本木(港区)	1679
6	高輪(港区)	1673
7	大島(江東区)	1525
8	新宿(新宿区)	1516
9	亀戸(江東区)	1508
10	三田(港区)	1474
11	広尾(渋谷区)	1413
12	神宮前(渋谷区)	1404
13	成城(世田谷区)	1399
14	南麻布(港区)	1394
15	深沢(世田谷区)	1316
15	奥沢(世田谷区)	1316
17	恵比寿(渋谷区)	1300
18	**田園調布**(大田区)	1299
19	下馬(世田谷区)	1289
20	芝浦(港区)	1282
20	深沢(世田谷区)	377
20	師勝町(愛知県)	377

※東京商工リサーチ調べ、区はすべて東京都、2014年は約268万社、03年は約106万社対象
出所:「NIKKEI STYLE」日本経済新聞社・日経BP社

ブランド力を誇る東急沿線の光と影

五島慶太は「ゆりかごから墓場まで」という考えの持ち主だったので、教育機関や図書館、専門学校を沿線につくり、若い学生がやってくる仕掛けをつくった。その学生たちが卒業後に沿線の関連会社に勤め、東急に乗って通勤し、東急ストアで買い物し、東急が建てたマンションや戸建てに住む。五島はすべて東急で事が済ませられるようなライフスタイルモデルを展開し、大成功を収めたのである。

こうしてイメージ戦略が大当たりした東急沿線には、高額所得者層が住むようになった。すると東急のブランドはさらに磨かれ、各種ランキングでも上位にランクインしてくる。この好循環が他の沿線との格差となっていった。

ただし、田園都市線は混雑が激しく、私鉄では日本一混雑率が高いとされている。そのため、昼間に二子玉川で買い物をする程度の奥様にとっては〝最高の沿線〟かもしれないが、働くお父さんにとっては〝地獄の沿線〟でしかない。また「中流階級なのに見栄を張り、セレブリティを演出する主婦が多い」ともいわれている。

そして最近ではイメージ戦略に特化しすぎたせいか、「にわかセレブ」感が否めない東急（特に田園都市線）沿線民も出てきている。深夜の某人気番組でも、田園都市線沿いの人が「洗練されて素敵な街ですよ♪」と鼻持ちならない感じでインタビューに答え、出演者の怒りを買うという光景もよく見かける。またどの駅にも似たような街並みをつくることから、「どの駅降りても街並みが一緒だね」と皮肉を述べる東急嫌いな人もいるという。

かつて「住みたい街」ランキングの上位常連だった田園調布のランキングが低下しているのも、田園調布の成金イメージが敬遠されている面が大きい。かつては「突撃！隣の晩ごはん」でヨネスケが突撃したとき、何十軒訪ねても誰も取材に応じなかったほどお高く止まっていた田園調布だが、大昔から本物のセレブがたくさん住んでいたわけではない。東急の宅地開発で地価が上昇し、そこに一代で財を成した成金たちがやってきて、立派な家を建てて見栄を張り合っていた。

事実、東京商工リサーチが発表した「社長の住む街ランキング」でも、２００３年は1位だった田園調布が、２０１４年には18位まで転落してしまっている。田園調布の〝凋落〟は、こうした客観的なデータにも表れているのだ。

とはいえ、東急沿線には武蔵小杉や自由が丘、二子玉川など、人気の街がズラリと並んでおり、そのブランド力に揺るぎはない。東急に対するネガティブな感情は、「どうやっても東急には勝てない」という羨みや妬みがもとになっているのかもしれない。それだけ東急と他の鉄道会社の間には開発力の差があり、ヒエラルキーとなって「沿線格差」を生んでいるのだ。

堤一家が築いた「西武王国」の勃興と転落

東急の五島慶太と並び、「鉄道王」として名を馳せたのが西武グループの創業者・堤康次郎《やすじろう》である。五島が「強盗慶太」と呼ばれたのに対し、堤は「ピストル堤」の異名をとった。

元々は不動産事業者で、鉄道事業に本格参入したのは昭和に入ってからである。1928年、多摩湖鉄道（現・西武多摩湖線）を敷設したが、これも小平学園都市開発のための事業で、本業はあくまで不動産だった。

1920年、堤は箱根土地株式会社（後のコクド）を設立し、箱根や軽井沢の開発を手がけた。都市部では近衛家が所有していた目白の土地を買収し、「目白文化村」と呼ばれる住宅地を開発した。だが田園調布のような大局的な計画がなく、空襲で大半の住宅が焼失したこともあり、統一感はうすい街になってしまった。

東急の五島は日吉（慶應義塾大学）や学芸大学、都立大学のような学園都市をつくり上げたが、堤も負けじと学園都市の開発に力を注いだ。特に大泉学園の開発事業では、東京商科大学（現・一橋大学）の誘致を狙ったが、結局は国立と小平に移転してしまい、大泉学園は名ばかりの学園都市となった。だが堤は国立や小平（一橋学園）の開発も手がけ、文教都市へと変貌させた。

西武も東急と同じように田園都市構想を掲げ、沿線の不動産開発を進めていった。池袋にパル

1950年から60年代にかけて、西武グループと小田急グループが箱根の輸送シェアをめぐって「箱根山戦争」を繰り広げた

コや西武百貨店を進出させてサブカルチャーの発信地とし、他にもとしまえんや西武ゆうえんち、西武ドーム（現・西武プリンスドーム）など、沿線に娯楽施設をバランスよく配置した。阪急や東急と同じように、沿線の中で生活が完結できるしくみをつくっていった。

さらに昔から箱根や軽井沢の開発に力を入れていたこともあり、リゾート開発には特に熱心だった。特に西武グループと小田急グループの間で繰り広げられた「箱根山戦争」は、熾烈をきわめた。

西武は駿豆《すんず》鉄道（現・伊豆箱根鉄道）や大雄山鉄道（現・大雄山線）を傘下に組み入れ、主に奥箱根の開発に力を入れていた。一方、小田急は小田原駅で箱根登山鉄道と連結し、表箱根の観光需要を取り込んできた。だが第二次世界大戦後、西武は奥箱根から表へ、小田急は表箱根から奥へ開発の手を拡げたことで、両者が激突する事態となった。

西武側は小田原市内に強引にバスの乗り入れを申請し、一方で小田急側は新たな遊覧船会社を立ち上げ、それまで西武が主導してきた芦ノ湖観光に参入した。すると西武は自社保有の有料道路に小田急側のバスを進入させないという強硬手段に出て、さらに小田急株の買い占めに走った。これに憤慨した小田急は訴訟を起こし、争いは泥沼化した。最終的には、西武を率いた堤康次郎と小田急側の背後にいた五島慶太が亡くなったことで騒動は終息し、現在は、小田急と西武が共同で箱根の観光開発を行っている。

また伊豆観光開発では、堤率いる西武グループと五島率いる東急グループが真っ向から激突している（伊豆戦争）。このように、西武は各所に争いの火種を撒きながらも、リゾート開発に心血を注いだ。康次郎の死後、三男の義明が西武グループを継ぎ、スキー場やゴルフ場開発で「西武王国」を築き上げた。義明はアメリカ経済誌『フォーブス』に「世界一の大富豪」として取り上げられ、一躍時の人となった。

だがリゾート開発に力を入れすぎたため、バブル崩壊後は開発が立ちいかなくなってしまう。そして2004年、義明は有価証券報告書への虚偽記載の責任を取ってグループ会社の役員職から身を引き、翌年には西武鉄道株式に関する証券取引法違反で逮捕された。西武鉄道グループのデベロッパーだったコクドは解散し、西武のブランドは著しく失墜した。

かつては東急としのぎを削った西武だったが、沿線よりもリゾートに力を入れたせいもあってか、西武沿線の駅のブランドイメージは劣ってしまう。HOME'Sの「住みたい街」ランキング2016年版でも、始発駅の新宿・池袋を除くと、西武沿線の駅はトップ20にひとつも入っていない。所沢を二子玉川や田園調布のような人気のエリアに育てようとしたが、残念ながら上手くいっていないのが実情である。副都心線の開通、乗り入れで横浜まで直通で行けるようになったが、田舎臭いイメージがあるのは否めない。

とはいえ、グループ再編などの経営改革を行い、2014年には再上場を果たすなど、西武は長年の低迷から脱して上昇基調にある。グループ傘下の西武プロパティーズが西武線沿線で駅近賃貸住宅ブランド「エミリオ」を展開するほか、石神井公園や大泉学園でもマンション建設や商業施設のオープンが相次いでいる。生まれ変わった〝新生〟西武の動きにも注目したいところだ。

他の追随を許さない中央線の歴史と多様性

東京の西側には東急、西武、JR中央線、小田急、京王、東武東上線といった路線が放射状に伸びているが、東急に負けないブランド力を誇るのが中央線である。

古くからの市街地や住宅地が沿線にあり、都内でも屈指の人気を誇る駅エリアがいくつもある。

吉祥寺は駅周辺が賑わっている一方で、井の頭恩賜公園など自然も豊かで、「住みたい街」ランキングのトップに君臨し続けている

「住みたい街」ランキングで首位に君臨する吉祥寺のほか、中野、高円寺、阿佐ヶ谷、荻窪といった人気の街がズラリと並ぶ。最近では東急が開発力を活かしてブランド力を高めているが、中央線の歴史と成熟度は他の追随を許さない。

中央線沿線には独特の文化的な雰囲気があり、それが多くの若者や文化人を惹きつけている。だがその一方で、逆に中央線が文化的に一番だという「空気感」が苦手という人もいる。よその人から見ると、何か入り込めない排他的な感じがするのも、中央線の特徴のひとつである。

この中央線に近い雰囲気をかもし出しているのが、新宿から小田原、江ノ島などに至る小田急線である。1980年代に田園都市線の人気が爆発するまでは、中央線と並ぶ二大人気路線だった。下北沢、江ノ島など若者に人気がある街や観光地がある一方で、都心から経堂、成城学園辺りまでは高級住宅街が並んでいる。南北の路線とのつながりが弱いという点はあるが、ブランドイメージは高めである。

一方、小田急と中央線の間にある京王線には、かつて「中央線沿線に住みたかったけど、住め

首都圏沿線と駅のアクセス数ランキング（賃貸）

順位	沿線ランキング	駅ランキング
1	ＪＲ中央線	荻窪駅
2	ＪＲ山手線	目黒駅
3	ＪＲ総武線	武蔵小杉駅
4	ＪＲ京浜東北線	赤羽駅
5	小田急線	北千住駅
6	東急東横線	西葛西駅
7	京王線	三軒茶屋駅
8	東急田園都市線	池袋駅
9	東武東上線	中野駅
10	西武池袋線	平井駅

出所：株式会社オウチーノ
※調査期間2015年1月〜2015年12月

「O-uccino」賃貸サイトでアクセス数上位10駅に入った荻窪駅（写真上）、中野駅（写真下）を擁する中央線が、沿線ランキングで1位となった

なかった人が住む沿線」というヒエラルキーがあった。戦後、「大東急」から独立する際には「経営基盤が弱い」ということから、吉祥寺駅―渋谷駅間を結ぶ井の頭線を小田急から譲り受けたほど、京王は下に見られていたのだ。

その名残は今も残っていて、京王沿線に住んでいるのにバスに乗って中央線の駅まで出て、そこから中央線で都心へ向かう人もいる。特に吉祥寺などはその傾向が顕著で、「最寄り駅は吉祥寺です」といっているけど、実際は吉祥寺駅からバスに乗って京王沿線の自宅に帰るという人も少なくない。

沿線開発も他の鉄道会社よりも始まるのが遅く、１９６０年代半ばから多摩ニュータウンの開発が始まった。ところが他のニュータウンに先駆けて衰退が始まり、高齢化や学校の統廃合が進んでいる。多摩ニュータウン再生検討会議では、2050年には高齢化率が35％に達し、人口も1割近く減ると推計している。

他の私鉄に比べると不利な点が多い京王だが、それゆえに地道かつ堅実な経営に徹し、運賃面では中央線に勝っている。例えば、新宿―八王子間の運賃を見ると、中央線（新宿駅―八王子駅）が474円なのに対し、京王線（新宿駅―京王八王子駅）は360円である。また観光コンテンツは高尾山ぐらいしかなかったが、2007年にミシュランガイドで最高ランクの「三ツ星」観光地に選ばれ、現在は年間登山者数が約260万人という「世界一の登山者数」を誇る人気の山となっている。

そして、東京の西に延びる路線の中では最も北を走る東武東上線では、常盤台（ときわ台）を「第2の田園調布」にすべく開発を進めてきた。碁盤目ではなく曲線やクルドサック（円形のロータリー）を用いたユニークな街づくりを進めたが、本家の田園調布に比べるとブランド力ははるかに劣る。東上線全体を見ても、始発駅の池袋駅を除けば、「住みたい街」ランキングに入ってくるような駅は特に存在しない。

東京の「西高東低」の要因―東と西で沿線開発になぜ差がついたか

同じ東京の西側を走る路線同士でも沿線によって格差が生じているが、東京の東側の路線と比較すると、おそらく多くの人々が東西間に歴然とした格差があることを感じるだろう。例えば、「住みたい街」ランキングを見ると、それが顕著に表れている。

ＨＯＭＥ'Ｓの首都圏「住みたい街」ランキング２０１６年版では、東京の東側の沿線（東武、京成、秋葉原以東のＪＲ総武線、ＪＲ京葉線、ＪＲ常磐線）でトップ20に入っている駅はひとつもない。他の企業のランキングを見ると、リクルート住まいカンパニーが発表している「住みたい街」ランキングでは、北千住（ＪＲ常磐線）が18位に入っている。

また、オウチーノ総研が発表した「２０１５年、人気の高かった沿線ランキング［賃貸／首都圏編］」でも、ＪＲ中央線、小田急線、東急東横線、京王線など、東京の西側を走る路線が軒並みランクインしている（3位のＪＲ総武線は東京の東側も走っているが、西側には高円寺、阿佐ヶ谷、荻窪といった人気駅が集中しているので、それらの駅がランキングに反映されている）。これだけブランド力で差がついたのは、東西の土地事情が関係している。

かつて「江戸」と呼ばれていた頃の東京は、真ん中に江戸城があり、それを囲むように大名や武士、町民の家が建っていた。なかでも東京の東側にあたる城東地区は、江戸城から近いこともあって、旗本や御家人が多く住んでいた。地名にもその名残があって、例えば、江戸城から徒歩圏内にある御徒《おかち》町は、下級武士（御徒）の長屋がたくさんあったことが町名の由来となっている。

明治・大正期には、働き口を求めて流入した地方出身のあまり裕福でない人たちが東京の東側に住むようになり、人口密度が高い状態が続いた。

一方、明治・大正期の東京の西側はほとんど開発されておらず、人もそんなに住んでいない農耕地だった。だがそれゆえに土地が購入しやすく、鉄道会社は田畑を次々と買い占め、放射線状に線路を敷いて宅地開発を行うことができた。

東京の東側でも東武や京成が鉄道を設けたが、すでに住宅がたくさんあったので、まっすぐに線路を敷くことができなかった。また人も多く住んでいたので、たくさん駅をつくらなければならなかった。そのため、利便性でも西側の鉄道に大きく後れをとってしまった。

さらに、東京の下町エリアや千葉の船橋・津田沼には、戦後のどさくさに紛れて権利関係が複雑になった土地がたくさんある。誰から土地を買えばいいのかわからなかったり、土地の所有者が複数いたりして、沿線開発がしにくいという事情がある。例えば、東武野田線（東武アーバンパークライン）の沿線にはたくさん土地が余っているが、権利関係が複雑なせいで開発が立ち遅れた。

加えて、20世紀の下町エリアは苦難の繰り返しだった。関東大震災や東京大空襲で壊滅的な被害を受け、また工場が多かったことから公害にも悩まされた。こうしたネガティブな状況が続くうち、下町の富裕層は「山の手」と呼ばれるエリアに移住し、東西格差が広がる結果となった。

今も「東京直下型の大地震が起きたら、古い住宅が多く密集している下町エリアは壊滅的な被害を受ける」といわれており、これも下町への移住が避けられる一因とされている。

開発が進まなければ自ずと人も集まってこないし、沿線のブランド力も高まらない。その結果、高所得者を含めた現役世代が東京の西側に住み、税金をたくさん納め、潤沢な財政を活かして街並みをキレイに整えていく。そして、その街並みやブランドに惹かれた人たちが移住し、街がますます栄えていく。この循環が続くことで開発が遅れているエリアとの格差がますます広がり、沿線格差へとつながっていったのである。アメリカではすでに低所得者層と高所得者層の〝住み分け〟が進んでいるが、日本でもそうなる可能性は十二分にある。

スカイツリーを機に沿線開発に力を入れる東武

東京の東側は開発が難しいという事情があるが、それでも果敢に開発に取り組み、成功を収めつつあるのが東武である。

鉄道業界では、通勤・通学の定期券利用者が多いほど経営基盤が安定するが、今後は少子化や団塊世代の大量退職で減少していくと想定されている。そのため、各社とも顧客確保のためにあれこれと策をめぐらせているが、東武は業平橋《なりひらばし》・押上地区を開発し、東急沿線の駅に負けない「東武村」を形成している。この「東武村」の象徴的存在ともいえるのが２０１２年に開業した東京スカイツリーで、東武の株価上昇・収益向上・企業のイメージアップに貢献している。

さらに、東武は「ソライエ」というシリーズのマンションも出し、さらなるイメージアップをはかっている。だが現段階では東急ほどの付加価値はまだ出せておらず、沿線には「安かろう悪かろう」的な物件がいまだに多い。頑張ってはいるものの、東急とはまだ横綱と前頭ほどの実力差がある。

だが観光面では、東武は日光と鬼怒川温泉という人気コンテンツをほぼ独占する形で有している。東武が浅草から日光まで鉄道を結んだのは1929年だが、すでに国鉄（現・JR）が上野駅―日光駅間を走らせていた。そこで東武は浅草駅―日光間を2時間17分で結ぶ特急を運行させ、日光は東京から日帰りで行ける観光地となった。

国鉄も負けじと新型ディーゼルカーを投入したが、東武は季節限定の臨時急行や奥日光へ向かう夜行列車などを運行させた。さらに1990年に新型特急一〇〇系「スペーシア」を投入したことで、日光をめぐる争いは東武

東武が行っている業平橋・押上地区の再開発のシンボルでもある東京スカイツリー。東京の東側では貴重な全国区の観光資源である

根津嘉一郎（1860〜1940）
関東では東武鉄道、関西では南海鉄道（現・南海電気鉄道）の鉄道事業に携わった。没後、長男の藤太郎が「嘉一郎」を名乗り、東武鉄道の経営者となった

に軍配が上がった。

また日光よりも北にある鬼怒川温泉を、「東京の奥座敷」としてメジャー化させたのも東武である。かつては知る人ぞ知るマイナーな温泉地だったが、鬼怒川の上流に水力発電所ができて水位が下がったのを機に優良源泉が発見され、温泉地として発展していった。この鬼怒川温泉の開発を主導したのが東武鉄道の初代社長・根津嘉一郎だが、彼も五島慶太や堤康次郎のように数多くの鉄道・開発事業を手がけたことから、「鉄道王」と呼ばれた。現在、東武鉄道の代表取締役社長を務める根津嘉澄氏は、嘉一郎の孫にあたる。

東武が果敢に開発に乗り出しているのを、指をくわえて見ているのが京成である。都心の沿線開発では目立った業績が上げられていないが、千葉ニュータウンや八千代台といった北総エリアの開発に力を入れている。物件を一気に売るのではなく、少しずつ売る戦略をとっているが、これはニュータウンの老朽化を防ぐ狙いがある。

かつて高度経済成長の波に乗って、各地にニュータウンが建設された。だが建設当時に入居した住民が高齢化し、建物も老朽化するなど、さまざまな問題に直面している。そのため、北総エリアでは住民をまとめて招き入れるのではなく、少しずつ入れていくことで、住民の年齢バランスに偏りが出ないようにしているのだ。

私鉄と地下鉄の相互乗り入れに成功した京成

東急などに比べると沿線開発が立ち遅れている京成だが、それゆえに立石など昔ながらの街並みも残っている。そういった昭和のノスタルジー的な雰囲気に惹かれ、訪れる人も増えつつある。だが昔から住む人が多いゆえに土地の権利関係が複雑で、開発が進まないという実情もある。

ただし、京成には不利な環境を克服するため、あの手この手で乗り越えてきた歴史がある。関西では阪急の小林一三がレジャー施設をつくるなどして集客をはかったが、関東では京成が1925年に京成遊園地（後の谷津遊園地）をオープンさせた。他の鉄道会社が洋テイストの娯楽施設をつくったのに対し、京成は和テイストの施設で差別化を図ったのだ。

さらに当時としては珍しいバラの植栽・育成に目をつけ、バラの買い付けのためにわざわざ渡米までした。そこでディズニーランドというテーマパークと出会い、他社の力も仰いで日本進出にこぎつけた。だが1983年に完成した東京ディズニーランドは、千葉県浦安市という京成沿線とは離れた場所につくられてしまった。この何とも惜しいところが、京成らしさなのかもしれない。

また、現在では当たり前になっている私鉄と地下鉄の相互乗り入れを、初めて実現させたのも京成である。創業以来、京成の東京側のターミナルは都心から少し離れた押上で、都心進出は長年の悲願だった。1931年には日暮里まで延伸し、さらに現在の上野まで線路を延ばした。そして1960年、都営1号線（後の浅草線）との相互乗り入れが実現し、都心進出を果たしたのである。

以後、相互乗り入れは他の鉄道会社でも採用された。都心に乗り換えなしで行けるようになったことで私鉄沿線は価値を高めた。それにより都心部に密集していた人口がニュータウンへと流れ、逆に都心部の人口が激減する「ドーナツ化現象」まで起きた。

ただし、相互乗り入れは、それまで終着駅だった駅がほぼ「通過駅」になり、沿線経済が激変するリスクもある。2013年3月から東京メトロ副都心線と東急東横線の相互直通運転が始まったが、それによって東横線の終着駅から通過駅的存在になったのが、東急のお膝元・渋谷駅である。元町・中華街駅や新宿三丁目駅が乗降客を増やした一方で、渋谷駅は横浜方面から渋谷

2012年に開業した渋谷駅東口の複合商業施設「渋谷ヒカリエ」。東急百貨店や事務所のほか、ミュージカル劇場「東急シアターオーブ」が入居している

を通過する人が増え、乗降客を減らしてしまった。

だが沿線開発のエキスパートである東急が、黙ってこの状況を見過ごすわけがなく、「50年や100年に一度」といわれる大規模な再開発に着手している。その先駆けとして2012年に開業したのが「渋谷ヒカリエ」で、渋谷の新たな文化・情報の発信拠点となっている。さらに地上46階建ての駅ビルなど複数の高層ビルが建てられるほか、渋谷川の清流を復活させて遊歩道やテラスを整備する計画もある。東急では渋谷を「日本一訪れたい街」にするため、これまで培ってきた開発のノウハウを活かして再開発に取り組んでいる。

土地やマンションの価格高騰で従来の序列が崩壊!?

東京の東西間には明らかなヒエラルキーが存在する一方で、南に向かって走る京浜急行（京急）は地の利を活かして独自路線を歩んでいる。

東京国際空港（羽田空港）へのアクセスは、京急の大きな収入源となっている。鉄道だけでなく空港リムジンバスも走らせている

品川から三浦半島の三崎口まで伸びる京急は、品川～横浜という人気の高い湾岸エリア、そして日本の玄関口である羽田空港を押さえているのが大きな強みである。またエアポート快特で成田空港にも行けるので、空港を頻繁に利用する層が京急沿線に住んでいることが多い。羽田空港は国際便も増加してポテンシャルが上がっているので、それを追い風にしているのだ。

沿線開発は川崎や蒲田、大森海岸などが盛んで、高層マンションも次々と建っている。だが全体的にはそんなに開発が進んでおらず、昭和を感じさせる街並みもある。京急沿線が元々漁業町で、工業地帯として発展したことも、開発が立ち遅れている理由のひとつといえる。

沿線間のヒエラルキーは、宅地開発やイメージ戦略などに左右される部分が多いが、今後はマンションや土地の価格高騰で、その序列が変化するおそれもある。

ここ数年、アベノミクスなどの影響もあって土地の価格が高騰し続けており、少なくとも20

20年の東京オリンピックまでは高止まりが続くとみられている。さらに資材価格も値上がりし、人手不足や東日本大震災の復興需要から人件費も跳ね上がっている。このトリプル高の影響で、都心部のみならず他の沿線でもマンションや土地の価格が急激に上がっている。

東京の東側エリアでも、今までは西側に住んでいた高所得者が新たに完成したタワーマンションに引っ越したりしている。「西高東低」のヒエラルキーが崩れ、イーストサイドが注目される兆しもある。また、郊外でもマンション価格や地価が高騰し、「全部高い」という状況になりつつある。そのため、今まであったヒエラルキーも多少見えにくくなり、序列が再編される方向に向かいつつある。

そうしたとき、マンションやアパートの賃料は、人気を正直に映すバロメーターとなる。そのため、駅ごとの実力を見たいのであれば、賃料をチェックするとよい。次の第4章では各沿線の賃料とともに、各沿線の駅の実力「駅力」を見てみることにする。

第4章
同一沿線内でも無視できない「駅力格差」

不便なままでは急行も停まらず
格差は広がる一方!?

協力:HOME'S総合研究所　副所長　中山登志朗
HOME'S事業本部　事業統括部　堀幸弥

交通や生活の利便性が高い駅ほど「駅勢圏」も強くなる!?

多くの人々が日常利用している駅は、商業地や住宅地の開発との関係も深い。特に首都圏のような電車網が隈なく張り巡らされた地域では、駅周辺に商店や公共施設、企業や住宅があり、賑わいを呈している。だが中には、そういった利便施設がほとんどない駅もある。

このように駅によって賑わいに差があるのは、各駅の「駅力」が関係している。駅周辺の人口総数や商業店舗数、公共施設の充実度、駅そのものの利便性が駅力のバロメーターになっているが、「駅力」が高い駅には利便施設が次々と建てられ、乗降客数も増えて急行や特急が停まるようになる。一方、「駅力」が低い駅には利便施設もできず、急行や特急も停まらないので、「駅勢圏」の人口はいつまで経っても増えない。こうした好循環と悪循環が、同じ沿線内における駅格差を生んでいるのだ。

ちなみに、駅を利用する人が存在する範囲のことを「駅勢圏」といい、鉄道の需要を予測する手法として用いられている。駅を中心に半径1～2㎞のエリアがその駅の駅勢圏で、「駅力」が高い駅ほど、駅勢圏内の繁華性が高い。

住宅を買ったり借りたりする際の指標として、「交通利便性」「生活利便性」「居住快適性」「物件の個別性」「安全性」という5つの要素がある。特に交通利便性と生活利便性はエリアの人気を大きく左右し、賃料相場にもそれがはっきり表れる。便利で暮らしやすい駅ほど賃料が高いのだが、この賃料相場が、それぞれの駅の「駅力」を知る上での大事なバロメーターになっているのだ。

首都圏で見れば、地下鉄が張り巡らされていて職場も近く、商業施設も発展している都心部の駅は、総じて「駅力」が高い。例えば、ＪＲ山手線の恵比寿駅は交通・生活の利便性がある「駅力」が高い駅だが、そのぶん賃料も他エリアに比べて高い。

一方、都心部から放射線状に延びる沿線では、都心に近いほど職場に近く、商業施設も多いので賃料が高くなっていく傾向にある。また都心部から離れていても、急行や特急が停車し、乗り換えなしで都心に行ける駅は賃料が高い。東急東横線を例にとってみると、前者は中目黒駅や代官山駅、後者は武蔵小杉駅が該当する。急行や特急が停まる駅は便利なので人が集まり、その人たちをターゲットにした商業施設も出来上がり、駅周辺がさらに活性化していくのだ。

逆に急行や特急が停まらなかったり、たくさん乗り換えを要したりする駅は不便なので、住みたがる人はそんなに多くない。すると商業施設も進出せず、駅周辺も活気づかない。そんなエリアで家賃を高く設定しても借り手がつかないので、自然と賃料も低めになるのだ。

だが新しく完成した駅には、それまで駅から徒歩20分だった場所が徒歩５分になるなど、利便性を一気に高めてくれる効果がある。また新築物件が次々と建てられるので、多少不便でも、家賃は高めに設定されがちである。

平均賃料から見る各駅の「駅力」と将来性

相互乗り入れの開始や大規模マンションの分譲、大型商業施設のオープン、学校の誘致など、乗降客数が増えるきっかけがあれば賃料も上昇する。一方、商業施設が撤退するなど、乗降客数が減ると賃料は低下する。ただし、賃料には粘着性があるので、急激に価格が上昇・下降することは少ない。そのため、賃料は駅の人気度を測る上での重要な指標にもなっているのだ。

ここからは、都心から放射線状に延びる路線の平均賃料（60㎡換算、駅徒歩10分以内、築年数20年以下、専有面積40〜80㎡）とともに、それぞれの路線の特徴と「駅力」を見ていく。

ピックアップ路線

京浜急行本線（泉岳寺駅―浦賀駅　路線距離56・7km　50駅）
久里浜線（堀ノ内駅―三崎口駅　路線距離13・4km　9駅）

高層マンションの建設で治安が悪いイメージを払拭しつつある京急

京急本線は沿線の営業距離が長くて駅数が多いのが特徴で、元々は京浜工業地帯の工場労働者を運ぶ路線だった。ＪＲや他の私鉄と違って災害に強く、安定して運行することが多いので、人気も高い。

住宅街として人気が高いのが金沢八景・金沢文庫エリアで、名所・旧跡も多い。昔は美しい風景が見られる景勝地だったが、高度経済成長期に埋め立てが行われて宅地化が進み、現在はその多くが見られなくなっている。

また上大岡駅は、横浜市営地下鉄との乗換駅という利便性から、周辺エリアと比べても賃料相場が若干高い。駅周辺はバス路線が充実しているので、バスで上大岡駅まで向かい、京急に乗って通勤・通学するという人が多い。京急百貨店やショッピングモールなど商業施設も充実しているが、急な坂が多いという難点もある。

郊外では横須賀中央駅の賃料がそれなりに高めだが、他は都心から離れていることもあり、賃料は安めである。久里浜線の終点である三崎口駅までは都心から最速1時間余りで行けるので、釣りやサーフィンなど趣味を充実させたい人にはオススメである。ただし、終電も早いので、残業が多い人にはあまり向かない場所だ。

他に郊外で特筆すべき駅として久里浜線のＹＲＰ野比駅がある。「ＹＲＰ」は「横須賀リサーチパーク」の略称で、横須賀市内に設けられた電波・情報通信技術の研究開発拠点を指す。研究施設が集積したエリアで昼間人口が多く、今後も企業や研究機関が進出を予定している。京急も街づくりに参画しており、将来的には茨城県の筑波研究学園都市のようになる可能性もある。

そして都心部では、羽田空港に電車やバスでダイレクトに行ける京急蒲田駅の「駅力」が高い。約８００ｍ離れたＪＲ蒲田駅と京急蒲田駅を結ぶ「蒲蒲線」の建設も計画されており、完成すれば新宿・渋谷など東京23区西部から羽田空港へのアクセスが飛躍的に向上する。地元でも期待が高まっているが、それが完成すると蒲田が通過駅になるので、街全体が地盤沈下してしまうおそれもある。

品川駅に近いエリアだと、大森海岸駅周辺でマンションの開発が相次いでいる。競馬場や競艇場が近いことから治安の悪さを憂慮する人もいるが、利便性が高いので発展し続けている。大森海岸駅は品川区と大田区の境目にある駅だが、品川区側のマンションの方が人気がある。「大田区在住です」というよりも、「品川区に住んでいます」といったほうが、格好がつくのかもしれない。これまで京急沿線というと「治安が悪い」という印象があったが、高層マンションが建ったこともあり、そういったイメージも払拭されつつある。

京急のように東京都心から川崎・横浜方面へ延びる路線としては、他にＪＲ東海道本線、ＪＲ

京浜急行本線・京急久里浜線のおもな駅の平均賃料

駅名	60㎡換算（円）
泉岳寺	220,000
★大森海岸	157,000
★京急蒲田	176,000
京急川崎	168,000
横浜	171,000
★上大岡	138,000
金沢文庫	108,000

駅名	60㎡換算（円）
金沢八景	98,000
横須賀中央	107,000
堀ノ内	81,000
浦賀	84,000
京急久里浜	105,000
YRP野比	79,000
三崎口	75,000

（HOME'S総研駅別賃料データによる）※駅徒歩10分以内、築年数20年以下。

横須賀線、ＪＲ京浜東北線・根岸線がある。湘南エリアに属する辻堂駅、茅ヶ崎駅辺りは、距離や時間を考えると通勤圏としてはギリギリの範囲である。とはいえ、辻堂駅北口には「テラスモール湘南」がオープンし、藤沢駅でも再開発構想が具体化するなど、着実に進化している。

ＪＲ横須賀線は湘南新宿ラインなど、さまざまな路線に乗り入れているので大変便利だが、それゆえに他路線のダイヤの乱れの影響を受けやすいという難点もある。武蔵小杉駅、横浜駅といったターミナル駅の拠点性が高いほか、観光地として名高い鎌倉駅やその隣にある逗子《ずし》駅も賃料水準が他エリアより高い。特に鎌倉は「住みたい街」ランキングでも上位に入る人気の街だが、都心に出るまで1時間はかかるので、それなりの覚悟は必要である。

ピックアップ路線

東急東横線（渋谷駅─横浜駅　路線距離24・2㎞　21駅）

横浜高速鉄道みなとみらい線（横浜駅─元町・中華街駅　路線距離4・1㎞　6駅）

都内を離れても賃料のくぼみが少ない東横線

横浜から副都心（渋谷・新宿）を結ぶ路線として人気が高い東急東横線だが、みなとみらい線と相互直通運転を開始したことで、駅のポテンシャルはさらに上がっている。横浜の中心部を走るみなとみらい線はマンションが多く建ち並び、どの駅もおおむね賃料水準が高い。しかも始発の元町・中華街駅から横浜駅までは比較的空いているので、通勤にも便利という利点もある。

横浜寄りの綱島駅─東白楽駅間は比較的賃料が安いが、それでも東横線全体の賃料水準は高値で推移している。特に川崎市にある武蔵小杉駅は、首都圏屈指の成長エリアとして脚光を浴びている。50階を超えるタワーマンションがいくつも建設され、それにともない商業施設も次々と進出している。武蔵小杉駅のある川崎市中原区は人口25万人を突破し、川崎市で一番人口の多い区になった。

東急東横線のおもな駅の平均賃料

駅名	60㎡換算（円）
渋谷	285,000
代官山	292,000
祐天寺	231,000
学芸大学	204,000
自由が丘	219,000
田園調布	210,000
多摩川	149,000
★新丸子	168,000
★武蔵小杉	144,000
★元住吉	137,000

駅名	60㎡換算（円）
日吉	134,000
綱島	116,000
菊名	138,000
東白楽	140,000
横浜	171,000
みなとみらい	202,000
馬車道	189,000
日本大通り	172,000
元町・中華街	194,000

（HOME'S総研駅別賃料データによる）
※駅徒歩10分以内、築年数20年以下。

武蔵小杉駅の最大の魅力は、何といっても交通の利便性の良さである。東急が東横線と目黒線、ＪＲは南武線・横須賀線・湘南新宿ラインが乗り入れており、品川や東京、横浜、川崎、さらには副都心エリア（渋谷・新宿・大宮）にも乗り換えなしで行ける。元々は工場が建ち並ぶ普通の街だったが、こうした交通利便性の向上が駅の価値を高め、周辺エリアとの格差を生じさせた。

ちなみに武蔵小杉駅の隣にある新丸子駅は乗り換えのない普通の駅だが、武蔵小杉駅から約４００ｍとそんなに離れていないこともあり、賃料水準は武蔵小杉駅とそれほど変わらない価格になっている。

人気急上昇中の武蔵小杉には「ＭＵＳＡＣＯ」という愛称があるが、東急目黒線にある武蔵小山駅も「ムサコ」と呼ばれている。同じ目黒線にある駅同士なので紛らわしいが、「ムサコといったら？」というアンケートでは武蔵小杉が多く票を集めている。武蔵小山も目黒線の主要駅のひとつとして頑張っているのだが、旗色は良くない。

そして多摩川駅から渋谷駅にかけては、代官山・中目黒・自由が丘といった都内屈指の人気スポットが点在している。「住みたい街」として人気があるエリアでもあるが、そのぶん家賃も高い。中目黒などは20年ほど前までは普通の住宅街だったが、芸能人が多く住むようになったことで「オシャレな街」のイメージが定着している。

東横線は沿線全体の賃料が高めなので、穴場となるエリアは少ない。だが元住吉駅は車両基地があり、電車も遅くまで走っているのでオススメである。1駅隣の武蔵小杉駅と比べると賃料水準がグッと下がるのも魅力的だ。

ちなみに、五反田駅―蒲田駅間を走る東急池上線は、都内を走る電車では珍しい3両編成である。そのため、沿線の大規模な再開発はそれほど行われておらず、東急路線の中では比較的マイナーな存在である。

ピックアップ路線

東急田園都市線（渋谷駅―中央林間駅　路線距離31・5km　27駅）

二子玉川と二子新地の間にある〝断層〟も興味深い人気路線

田園都市線も東横線と並ぶ東急の人気路線だが、混雑率が高いのが悩みのタネである。だが三軒茶屋、二子玉川といった人気エリアを通り、半蔵門線との相互運転で都心にもダイレクトで行けることから、相変わらず人気が高い。

渋谷駅から二子玉川駅の手前までは地下を走行するが、池尻大橋や三軒茶屋、桜新町といったエリアは、三宿（池尻大橋と三軒茶屋の間にあるエリア）も含めてサブカル的な人気がある。そのため賃料も高いのだが、「それでも住みたい！」という人も少なくない。また池尻大橋は東横線の中目黒、代官山と近いこともあり、芸能人も多く住んでいる。

二子玉川駅と二子新地駅の間には多摩川が流れており、東京都と神奈川県の境になっているが、この境目が賃料の〝断層〟にもなっている。どちらも「二子」という地名がついた駅だが、川を挟んだだけで様相が大きく異なっているのだ。二子新地から、二子玉川までの距離は自転車で10

分程度なので、大して離れてはいない。だが経済的な距離は結構離れているのだ。

二子新地なのに、「二子多摩川（玉川）」の名を冠したマンションがたくさんある。地名的には間違っていないし、「私、二子タマガワに住んでいるの」と自慢することもできる。二子新地は川崎市高津区に属しているのだから、本来は「高津」を入れるべきなのだが、開発業者も「二子玉川」というブランドの恩恵に授かりたいようだ。

また二子玉川は「オシャレな街」という印象があるが、そのオシャレ感を一手に担っているのが玉川高島屋ショッピングセンターである。店内にはグッチ、ルイヴィトン、フェラガモといったブランド品が並び、駐車場には高級外車がたくさん停まっている。二子玉川に生息するセレブ主婦を「ニコタマダム」と呼ぶが、割と見栄っ張りな人が多かったりする。「ニコタマダム」はブランド品を身につけて街を闊歩する一方で、日曜日の午前中には激安スーパーで買い物をしていたりするのだ。ちなみに武蔵小杉駅に住む子育て中のママを「ムサコママ」と呼ぶらしいが、武蔵小杉もゆくゆくは「ニコタマダム」のような奥様方が住みつくのかもしれない。

二子新地駅で賃料相場がガクンと下がるが、そこから先はそれほど大きく下がらない。特にたまプラーザ駅、あざみ野駅、青葉台駅がある横浜市青葉区は、自然と住居が共存した住みやすいエリアとして人気がある。そのため、高所得者も多く住んでおり、平均年収は神奈川県の市町村区でもっとも高い。エリートが多いこともあってか子供の教育にも熱心で、塾や習い事教室が圧

東急田園都市線のおもな駅の平均賃料

駅名	60㎡換算（円）
渋谷	285,000
池尻大橋	226,000
三軒茶屋	212,000
桜新町	193,000
★二子玉川	191,000
★二子新地	155,000
溝の口	119,000
鷺沼	111,000

駅名	60㎡換算（円）
たまプラーザ	127,000
★あざみ野	121,000
青葉台	131,000
田奈	109,000
長津田	123,000
つくし野	96,000
中央林間	116,000

（HOME'S総研駅別賃料データによる）
※駅徒歩10分以内、築年数20年以下。

倒的に多い。親からすれば理想的な教育環境かもしれないが、遊びたい盛りの子供にしてみたら迷惑極まりない環境である。

　また、あざみ野駅周辺に住むセレブな主婦たちは、シロガネーゼ（東京都港区白金台《しろかねだい》に住む奥様たち）に対抗して「アザミネーゼ」と呼ばれる。２００２年に田園都市線の急行停車駅になったことで人口流入が大きくなり、こうしたセレブ的な主婦が多くなったとされる。旦那がすし詰め状態の田園都市線に乗って出勤したあと、奥様たちはおしゃれなカフェでランチを楽しむ。そして青葉区にたくさんあるカルチャースクールに通い、なかには教える側にまわって小遣いを稼ぐ奥様もいる。優雅に遊んでいるように見えるが、実はしっかりと稼いでいるのだ。

　オシャレな街が多い田園都市線だが、青葉台駅を過ぎると賃料水準はさらに下がる。特に青葉台駅の1駅隣にある田奈駅は、同じ青葉区であるにもかかわらず、駅前がほとんど開発されていない。3路線が集まる長津田駅で少し賃料水準が戻るが、つくし野駅から終点の中央林間駅までは賃料水準が低めに設定されている。

ピックアップ路線

小田急小田原線（新宿駅―小田原駅　路線距離82・5㎞　47駅）

都心から程よく離れた経堂の人気が上昇中

新宿から世田谷区、神奈川県を通って小田原まで行く小田急小田原線は営業距離が長く、駅の数も多い。千代田線に接続していることから表参道、赤坂、大手町などを代々木上原経由でダイレクトにつなぎ、利便性も高い。

小田原から伊勢原までは賃料水準もそれほど高くないが、本厚木駅でグッと跳ね上がる。駅にバスターミナルがあり、ここから四方八方に小田急バスの路線が伸びている。厚木市西部はバスに乗らないと行き来しにくいので、本厚木駅がバスと駅をつなぐターミナルの役割を果たしてい

小田急小田原線のおもな駅の平均賃料

駅名	60㎡換算(円)
新宿	260,000
代々木上原	234,000
下北沢	209,000
★経堂	182,000
千歳船橋	170,000
★成城学園前	164,000
登戸	142,000
向ヶ丘遊園	135,000
新百合ヶ丘	103,000
町田	113,000
相模大野	103,000
★海老名	94,000
★本厚木	84,000

駅名	60㎡換算(円)
愛甲石田	82,000
伊勢原	74,000
鶴巻温泉	80,000
東海大学前	90,000
秦野	64,000
渋沢	64,000
新松田	65,000
開成	85,000
栢山	68,000
富水	71,000
蛍田	79,000
足柄	72,000
小田原	86,000

(HOME'S総研駅別賃料データによる)※駅徒歩10分以内、築年数20年以下。

るのだ。

この本厚木駅に対抗心を燃やしているのが、２駅隣にある海老名駅である。相鉄やＪＲ相模線が乗り入れするプチターミナル駅だが、なぜか乗り入れ路線がない本厚木駅の後塵を拝し続けてきた。特急ロマンスカーも海老名駅でなく本厚木駅に停まり、駅格差が広がっていた。だがここ数年で海老名駅周辺の再開発が一気に進み、人の流れも変わりつつある。２０１６年３月からはロマンスカーが海老名駅にも停車し、今後は本厚木との逆転が起きる可能性がある。

本厚木駅の先だと町田駅や新百合ヶ丘駅の拠点性が高く、賃料水準も周辺駅より高い。新百合ヶ丘駅は宅地造成を長年行ってきた地域で、統一感のある住宅地が構成されている。一方、「新」がつかない百合ヶ丘駅は開発の手がほとんど入っていない。同じ「百合ヶ丘」なのに、驚くほど格差がある。町田駅は小田急とJRの駅があり、商業施設も多くそろっている。だが繁華街の治安はお世辞にも良いわけではないので、夜間などはある程度注意が必要である。

そして喜多見駅から東京23区内に入るが、次の成城学園前駅で賃料相場が一気に上昇する。経堂駅や千歳船橋駅、成城学園前駅などが世田谷区内を走行しているが、高所得者層が多く居住するエリアでもある。TBSや博報堂など赤坂に本社を構える企業の重役は、この辺に住んでいることが多いという。

この小田急世田谷エリアの中でも、最近特に人気を集めているのが経堂駅である。今まではそれほど開発されてこなかったが、ここ数年で開発ラッシュが進み、マンションの分譲が相次いでいる。新宿駅までは急行で12分、各駅停車で18分と程よく離れた場所にあり、最終電車の終着（0時52分発）というのもポイントが高い。沿線居住者の所得はそれなりに高いが庶民的な店も多く、わざわざ新宿に出なくてもいろいろと楽しめてしまうのも、経堂の魅力のひとつである。

一方、成城学園前駅は都内でも有数の高級住宅地として確固たるブランドを有している。昭和の初めまでは雑木林や田畑が広がる田舎だったが、成城学園の創始者である小原《おばら》国芳という人物が駅周辺の土地を約2万坪購入し、大規模な区画整理を行った。ちなみに小原は学園の関係者と対立して身を引き、同じ小田急線沿いに玉川学園（東京都町田市）を創設して宅地開発を行った。小田急にある2つの学園都市は、実は同一人物が築いていたのだ。

成城学園駅周辺では「成城ブランド」を維持するため、さまざまな取り組みがなされている。2006年にオープンした駅ビル「成城コルティ」は「成城らしい豊かさの追求」をコンセプトとしており、中に入っているショップの料金設定も若干高めになっている。また成城自治会が良好な住環境を維持するために定めた「成城憲章」には、「派手な看板は設置しない」「機械式駐車場の設置を制限する」「敷地が道路に面した場所には、なるべく高い塀を設けない」など、さまざまな取り決めが定められている。地元住民はブランドを維持するため、あれこれとローカルルールを定めているが、住民のエゴで新たな開発ができないとなれば、JR中央線の国立駅のようにブランド力が低下する可能性もないわけではない。

ちなみに、相模大野駅から分岐する江ノ島線では、東急田園都市線と結ぶ中央林間駅や相鉄本線と結ぶ大和駅の拠点性が高いが、特に小田急・相鉄いずみ野線・横浜市営地下鉄の3路線が乗り入れする湘南台駅が周辺駅を圧倒している。当初、いずみ野線と横浜市営地下鉄は隣駅の長後《ちょうご》駅を通るはずだったが、地元商店街の反対で頓挫。隣の湘南台駅に移ったという経緯がある。江戸時代には宿場町として栄えた長後だが、この判断が街を衰退させる要因となった。
その後、長後駅の隣にある高座渋谷駅周辺でも再開発が始まり、長後駅の存在感はますます薄まった。駅利用者数は1991年以降減少の一途をたどっており、現在はピーク時の約3分の2までに落ち込んでしまっている。

ピックアップ路線
京王線(新宿駅―京王八王子駅　路線距離37・9km　32駅)
京王井の頭線(渋谷駅―吉祥寺駅　路線距離12・7km　17駅)

落ち着いた住環境として人気が高い京王世田谷エリア

京王線は駅間の距離が短く、同じ新宿―八王子間を走るJR中央線と比べても駅数が多い。朝のラッシュ時は1時間に最大約30本の電車が走るが、過密すぎるせいでノロノロ運転になりやすく、電車が時間通りに着かない・来ないのが日常茶飯事になっている。電車がこうした状況なので沿線の踏切もなかなか開かず、最長で40分以上も待たされる「開かずの踏切」が問題視されてきた。そこで2016年5月、京王電鉄は笹塚駅―仙川駅間約7・2㎞を高架化し、2022年度までに問題を解消させる方針を示した。

都心部に近いエリアは賃料水準が高いが、笹塚駅や代田橋駅などはワンルームマンションが多い。そのため、学生や独身世帯が割と多く住んでいる。そして京王線と井の頭線が交わり、渋谷・新宿・下北沢・吉祥寺といった人気エリアにダイレクトで行ける明大前駅は人気が高く、賃料水準も高い。ちなみに、現在は「明大前」という駅名だったが、戦前は「火薬庫前」という少々物々しい駅名だった。

その先の下高井戸や桜上水、上北沢辺りは昔から住宅地として造成された場所で、落ち着いた住環境として人気がある。昔ながらの商店もたくさんあって、京王世田谷エリアの庶民的な雰囲気を感じることができる。なかでも桜上水駅は新宿発の最終電車（0時55分発）の終着駅なので、うっかり寝過ごしても乗り過ごす心配がない。2015年秋には総戸数878戸の巨大マンション「桜上水ガーデンズ」が竣工し、今まで不足気味だった商業施設の進出も期待される。

そして現在、にわかに活気づいているのが調布駅と府中駅周辺のエリアである。両駅とも再開発がほぼ完了し、大規模なマンションも建設されている。都心からやや離れていることもあり、賃料水準も手ごろな感じだ。

府中の先は特急が停まる分倍河原駅、聖蹟桜ヶ丘駅、高幡不動駅などは賃料が高めだが、他の

京王線のおもな駅の平均賃料

駅名	60㎡換算
新宿	260,000
笹塚	227,000
代田橋	189,000
明大前	189,000
★桜上水	177,000
千歳烏山	156,000
仙川	149,000
つつじヶ丘	138,000

駅名	60㎡換算
★調布	147,000
東府中	117,000
★府中	145,000
分倍河原	121,000
聖蹟桜ヶ丘	121,000
高幡不動	109,000
北野	95,000
京王八王子	125,000

（HOME'S総研駅別賃料データによる）※駅徒歩10分以内、築年数20年以下。

駅は賃料水準も低く、開発もそれほど進んではいない。

ちなみに、相模原線は特急駅の京王多摩センター駅や京王永山駅などが栄えており、終着・始発駅である橋本駅は朝のラッシュ時でも座れる（何本か待つときもあるが）ことから、超高層マンションが相次いで建設されている。また、先の話ではあるが、橋本駅周辺にはリニア中央新幹線の神奈川県駅が設置されることになっている。完成すれば、名古屋・大阪方面への利便性が増すことから、さらなる発展が予想される。

一方、吉祥寺駅―渋谷駅間を走る京王井の頭線は運行距離が短いことから、首都圏の路線の中でもローカル線と位置付けられている。人気エリアを結ぶことから各駅とも賃料水準が高いが、なかでも小田急との乗り換え駅である下北

京王井の頭線のおもな駅の平均賃料

駅名	60㎡換算（円）
渋谷	285,000
下北沢	209,000
明大前	189,000
永福町	161,000
★浜田山	174,000
久我山	158,000
吉祥寺	147,000

（HOME'S総研駅別賃料データによる）
※駅徒歩10分以内、築年数20年以下。

沢駅は、カルチャーの情報発信地という顔もあり賃料水準も高い。そして浜田山駅周辺は知る人ぞ知る城南エリアの人気高級住宅地で、商店街もレンガ道路になっていてオシャレである。

ただし、井の頭線沿線は住宅が密集しているので、再開発しにくいという問題点もある。また賃貸物件が少ないので、住みたくても住めないという人も多い。だが中には「こんなところに誰が住むんだ？」と面喰らってしまうボロアパートもあるので、比較的昔からの住人が住んでいるのが井の頭線の特色でもある。

ピックアップ路線
ＪＲ中央線快速（東京駅―高尾駅　路線距離53・1㎞　24駅）
ＪＲ中央・総武緩行線（三鷹駅―千葉駅　路線距離60・2㎞　39駅）

多摩の「首都」決戦―立川に押され気味な八王子

新宿から西を見ると、武蔵境駅辺りまでは賃料水準が高いのだが、だからといって高所得者ばかりが住んでいるというわけでもない。庶民的な店も多く、独特のゴチャゴチャ感が中央線らしくよいという人も多い。

その一方で駅前の整備も行われており、特に中野駅周辺では駅ビル建設、中野サンプラザの再整備、大学・企業の誘致など、大規模な再開発事業を展開している。今までは「サブカルチャーの街」として親しまれてきた中野だが、新宿と吉祥寺に挟まれて地味な印象があった。だが再開発でポテンシャルが引き上げられ、ビジネスの拠点としても活性化していくはずだ。

中野駅から先の高円寺駅、阿佐ヶ谷駅、荻窪駅、西荻窪駅は、それぞれ個性があって独自の文化圏を形成している。そしてその先の吉祥寺駅は、いわずと知れた「住みたい街」ナンバー1を

JR中央線のおもな駅の平均賃料

駅名	60㎡換算(円)
神田	194,000
御茶ノ水	221,000
四ツ谷	251,000
新宿	260,000
★中野	193,000
高円寺	191,000
阿佐ヶ谷	187,000
荻窪	187,000
西荻窪	192,000
吉祥寺	147,000
★三鷹	156,000

駅名	60㎡換算(円)
★武蔵境	141,000
東小金井	128,000
武蔵小金井	137,000
国分寺	142,000
西国分寺	131,000
国立	131,000
★立川	131,000
日野	109,000
豊田	117,000
八王子	98,000
西八王子	93,000
高尾	80,000

(HOME'S総研駅別賃料データによる)※駅徒歩10分以内、築年数20年以下。

獲得し続ける駅である。商業や交通の利便性は最強クラスで、井の頭公園もあって自然も豊か。「武蔵野市役所が辺鄙《へんぴ》な場所にある」「建物の老朽化が進んでいる」などの問題点もあるが、それを補って余りあるポテンシャルとブランドを有している。

隣の三鷹駅はJR総武線と東京メトロ東西線の始発駅なので、通勤ラッシュ時でも座って通勤できる。また、バス路線も充実しており、インフラの利便性は他の追随を許さない。三鷹の先にある武蔵境駅もそんなに目立った印象はないが、都会の喧騒がなくて住みやすい住宅地として親しまれている。

武蔵境駅から先の駅だと、通勤特快や中央特快が停車し、青梅線との分岐点でもある立川駅の拠点性が高い。かつて多摩地区の盟主といえば八王子だったが、大型商業施設が駅前に集中する立川がそれを奪おうとしている。

立川駅前にはルミネや伊勢丹、高島屋（立川タカシマヤ）などがあり、さらに2014年には大型家具チェーン「IKEA」、翌年には「ららぽーと立川立飛」が開業するなど、大型店ラッシュが続いている。また2016年7月には総戸数319戸のタワーマンション「プラウドタワー立川」が竣工し、坪単価が340万円超と当時の価格相場から極めて高いことでも話題になった。

一方、八王子駅周辺には西武や伊勢丹、大丸、そごうといった百貨店があったが、すべて撤退。地下2階・地上41階の複合商業施設「サザンスカイタワー八王子」や駅ビルの「CELEO八王子」などがあるが、立川と比べると地味な印象は拭えない。

立川周辺の駅を見ると、立川駅に隣接する国立駅周辺では、「背の高いビルを建ててはいけない」など、景観を保護するための条例をいくつも定めている。だがそれによって他所の人が住みにくい印象を与えており、外から見たときのポテンシャルも低い。そういう排他的な雰囲気を察してか、一橋大学の学生たちも学校がある国立ではなく、別の東京寄りの駅で下宿していることが多いという。

また国分寺駅では北口の再開発が進んでおり、2018年には2棟のタワーマンションからなる「シティタワー国分寺 ザ・ツイン」が竣工する。特快が停まる国分寺駅から直結なので、街全体の飛躍のきっかけにもなるはずだ。

ピックアップ路線
西武新宿線（西武新宿駅―本川越駅　路線距離47・5km　29駅）
西武池袋線（池袋駅―吾野間　路線距離57・8km　31駅）
東武東上線（池袋駅―寄居駅　路線距離75・0km　38駅）

交通の利便性がイマイチ伝わっていない所沢

西武新宿線の始発駅は西武新宿駅だが、JR新宿駅とは距離があるので、実質的には高田馬場駅が乗り換え駅として機能している。そのため、早稲田大学の学生は西武新宿線沿いにアパートを借りていることが多い。

所沢駅を除くと拠点性が高い駅がそんなに多くないので、賃料水準は郊外へ行くに従ってなだ

西武新宿線のおもな駅の平均賃料

駅名	60㎡換算(円)
高田馬場	199,000
鷺ノ宮	153,000
★上石神井	129,000
田無	113,000
花小金井	124,000
小平	108,000
久米川	96,000
東村山	104,000

駅名	60㎡換算(円)
★所沢	109,000
航空公園	90,000
新所沢	98,000
入曽	81,000
狭山市	87,000
新狭山	82,000
南大塚	81,000
本川越	111,000

(HOME'S総研駅別賃料データによる)※駅徒歩10分以内、築年数20年以下。

らかに下降している。また都心から近い割には賃料が控えめで、沿線全体が庶民的である。だがその一方で道路が狭く、木造建築物が密集しているので、災害では火災に巻き込まれるリスクもある。開発の手もそれほど入っていないので、街としてのポテンシャルもそれほど高くはない。近年、多くのエリアで建てられているタワーマンションも、新宿線沿線ではあまり見られない。

新宿線と池袋線がともに停車する所沢駅は、西武沿線でも有数の拠点性が高い駅である。池袋線は乗り換えなしで都心部、さらに副都心線が開通したことで渋谷や横浜まで行けるが、その利便性はまだ広くは浸透していない。そのため、ターミナル駅ではあるが賃料はそれほど高くはない。

西武池袋線は快速が停まる練馬駅の賃料が高めだが、その間にある各駅停車の駅(椎名町駅—桜

西武池袋線のおもな駅の平均賃料

駅名	60㎡換算（円）	駅名	60㎡換算（円）
池袋	208,000	小手指	92,000
椎名町	169,000	狭山ヶ丘	75,000
江古田	147,000	武蔵藤沢	78,000
桜台	152,000	稲荷山公園	83,000
★練馬	164,000	入間市	79,000
★石神井公園	132,000	仏子	76,000
ひばりヶ丘	101,000	元加治	64,000
★所沢	109,000	飯能	76,000

（HOME'S総研駅別賃料データによる）※駅徒歩10分以内、築年数20年以下。

台駅）は割と賃料水準が低い。特に江古田駅は昔ながらの商店街が残っており、学生街として親しまれている。

練馬駅の先を見ると、快速急行・急行が停車する石神井公園駅の賃料水準が高い。元々は石神井公園がある駅南側が住宅地としてひらけていたが、最近は北口も再開発が行われ、33階建てのタワーマンション「石神井公園ピアレス・ザ・タワー」がシンボルタワーとしてそびえている。これに対し、石神井公園を挟んで南側にある新宿線の上石神井駅は、急行停車駅だが開発の手がほとんど入っていない。同じ鉄道会社、同じ急行停車駅、同じ石神井でなぜこれだけ格差が広がるのかは謎だが、一方で「上石神井は庶民的でいい」という声もある。

西武池袋線の北側を走る東武東上線は、その大

東武東上線のおもな駅の平均賃料

駅名	60㎡換算(円)
池袋	208,000
成増	111,000
★和光市	115,000
朝霞台	96,000
志木	95,000
ふじみ野	98,000
川越	98,000
鶴ヶ島	83,000

駅名	60㎡換算(円)
坂戸	68,000
高坂	73,000
東松山	72,000
森林公園	72,000
つきのわ	67,000
武蔵嵐山	63,000
小川町	84,000
鉢形	55,000

(HOME'S総研駅別賃料データによる)※駅徒歩10分以内、築年数20年以下。

半が埼玉県を走る。東急田園都市線には県境を越えた途端に賃料水準が下がる〝断層〟があったが、東武東上線は埼玉県に入ってすぐの和光市駅が東京メトロ有楽町線と副都心線に乗り入れているので、むしろ都内の成増より賃料水準は上がっている。その代わり、隣の朝霞駅から賃料水準がガクンと下がる。

埼玉県内のエリアでは、1993年に開業したふじみ野駅の賃料水準が高めである。元々は何もない場所だったが、駅周辺に次々と分譲マンションが建てられ、それが賃貸として出ていることから、質の良い賃貸物件が割と多い。

そして西武新宿線も走っている川越は、地域に拠点性があることから賃料水準も高く設定されている。都心の勤務地に通う人もいるが、川越市付近で働く人の数も多い。

ピックアップ路線
ＪＲ埼京線（大崎駅―大宮駅　路線距離36・9㎞　19駅）

最強の交通利便性と庶民性を兼ね備えた赤羽

都心とさいたま市を結ぶ路線はいずれもＪＲで、ＪＲ埼京線、ＪＲ京浜東北線、ＪＲ宇都宮線（東北本線）、ＪＲ高崎線、ＪＲ湘南新宿ラインがある。これらの路線の停車駅となっているのが赤羽駅で、東京と埼玉をつなぐ路線では重要なターミナル駅である。

ターミナル駅といえば大型商業施設が集積している新宿や池袋、渋谷などのイメージがあるが、赤羽駅周辺はイトーヨーカドーや西友、ダイエーなど、郊外にありそうなスーパーが揃っている。他にも庶民的な店が多いことから、物価は安い。また都心にはない下町情緒も残っており、横丁チックな飲み屋が多いのも赤羽の魅力のひとつである。

こうした居心地の良さがある一方で、東京や秋葉原、新宿、渋谷、池袋、大宮までダイレクトに行くことができるという抜群の利便性を誇る。しかも賃料相場はそんなに高くないので、人気エリアとして注目を集めつつある。「住みたい街」ランキングにはまだ登場していないが、「住ん

JR埼京線のおもな駅の平均賃料

駅名	60㎡換算(円)
大崎	258,000
恵比寿	272,000
渋谷	285,000
新宿	260,000
池袋	208,000
板橋	188,000
十条	164,000

駅名	60㎡換算(円)
★赤羽	156,000
戸田公園	114,000
★武蔵浦和	121,000
南与野	97,000
与野本町5	100,000
北与野	131,000
大宮	97,000

(HOME'S総研駅別賃料データによる)※駅徒歩10分以内、築年数20年以下。

で良かった」ランキングでは上位に入っている。赤羽がある北区では子育て政策にも力を入れており、ファミリーが過ごしやすいという利点もある。今後、賃料水準が上昇する可能性もあるので、今がオススメかもしれない。

そして埼京線は戸田公園駅、京浜東北線は川口駅から埼玉県内に入る。ここから浦和、大宮にかけては「埼玉都民」が住むエリアで、多くの人が東京へ通勤・通学する。賃料や物価は都内に比べると抑えめで、生活しやすいという利点がある。特にJR武蔵野線との交差駅である武蔵浦和駅では、立て続けにタワーマンションが建設されている。元々は何もない場所だったが、工場の跡地などを利用して開発が進められた。そういった経緯は武蔵小杉駅と重なる部分が多く、今後さらなる発展を遂げる可能性がある。

これに対し、与野エリアの3駅（南与野・与野本町・北与野）は開発が進んでいないわけではないが、川が多いエリアを並行して走っている。そのためやや地盤が弱く、大規模なマンションを建てても売りにくいという事情がある。

ＪＲ赤羽駅。ターミナルらしい堂々とした駅舎だ

ちなみに、京浜東北線の沿線では川口駅周辺で高層マンションが次々と建てられており、駅の乗降客数は埼玉県内で3位（1位大宮駅、2位浦和駅）に入っている。ところが高崎線や宇都宮線は通らないので、交通利便性では若干劣る。こうした状況を改善するため、２０１６年2月には川口市長が国土交通大臣に中距離電車（湘南新宿ラインや上野東京ラインなど）の停車を求める要望書を提出した。だがＪＲ側は隣の赤羽駅に停車していることを理由に、「川口駅に停車させるのは困難」という見解を示している。川口駅にとって、赤羽駅は目の上のたんこぶのような存在でもあるのだ。

ピックアップ路線

ＪＲ常磐線（日暮里駅―岩沼駅　路線距離343・1km　80駅）

ＪＲ常磐緩行線（綾瀬駅―取手駅　路線距離29・7km　14駅）

首都圏新都市鉄道つくばエクスプレス（秋葉原―つくば　58・3km　20駅）

「東の人気駅」に君臨しようとしている北千住

上野・日暮里から千葉県を経由して茨城方面へ走るＪＲ常磐線は、上野東京ラインが開業したことで利便性がさらに増している。今までは上野駅や日暮里駅で乗り換えを強いられていたが、東京や品川にもダイレクトに行けるようになり、新幹線や羽田空港に行くのもラクになった。

この常磐線の利便性向上の恩恵を最も受けているのが、４社５路線が乗り入れている北千住駅である。昔から便利な駅だったが、それほど注目を集めてはこなかった。だがつくばエクスプレス（ＴＸ）の乗降客を獲得したこともあり、乗降客数は増加の一途をたどっている。２０１２年には駅東口に東京電機大学のキャンパスが完成し、東京芸術大学や帝京科学大学なども北千住にキャンパスを構えている。こうした若者の流入も、北千住を活気づかせる一因になっているのだ。

JR常磐線のおもな駅の平均賃料

駅名	60㎡換算(円)
上野	199,000
日暮里	179,000
三河島	151,000
南千住	165,000
★北千住	142,000
★綾瀬	137,000
亀有	122,000
金町	98,000
★松戸	132,000
北松戸	96,000

駅名	60㎡換算(円)
馬橋	85,000
新松戸	87,000
北小金	98,000
南柏	90,000
★柏	90,000
北柏	77,000
我孫子	98,000
天王台	90,000
取手	78,000

(HOME'S総研駅別賃料データによる)
※駅徒歩10分以内、築年数20年以下。

利便性が高く、都心との距離が近い北千住だが、その割には賃料水準が低い。しかもマルイやルミネといった商業施設も揃っているので、借りて住む人にはうってつけのエリアである。その一方で昔ながらの商店街も残っており、下町情緒も楽しめる。物価も安く、人気の住宅地へ育ちつつある。

北千住がある足立区は、かつては「治安が悪い」「東京23区の底辺」とさんざん馬鹿にされてきたが、区ではそういったイメージを払拭するため、街の美化や防犯パトロールに取り組んできた。その結果、足立区内での犯罪件数が減少するなど、着実にイメージが変わりつつある。また足立区というと交通が不便という印象があったが、TXや日暮里・舎人ライナーが開業し、

TXのおもな駅の平均賃料

駅名	60㎡換算(円)
秋葉原	190,000
新御徒町	194,000
浅草	190,000
南千住	165,000
★北千住	142,000
南流山	100,000

駅名	60㎡換算(円)
★流山おおたかの森	131,000
柏の葉キャンパス	120,000
★守谷	94,000
つくば	74,000

(HOME'S総研駅別賃料データによる)
※駅徒歩10分以内、築年数20年以下。

それも解消されつつある。

そして北千住駅の人気上昇の余波を受けたのか、隣の綾瀬駅でも駅周辺の開発が進んでいる。昭和のたたずまいが残るのんびりした街だが、都内でも数少ない開発余力のあるエリアとして、これから様変わりしようとしている。

松戸から先は千葉県に入り、都心へ通勤する「千葉都民」が多く住んでいる。松戸と柏はよく比較されがちだが、商業地として発展しているのは柏である。また両市とも拠点性が高い割には賃料水準が低いので、「多少遠くても良い物件に住みたい」という人にはオススメである。

その先のエリアだと、利根川を越えた先にある取手駅は始発電車が多く、乗車時間が長い割にはラクに通勤できる。ただし、TXが開業した守谷に比べると活気に欠ける印象がある。これから守谷との駅格差が開いていくのか、それとも取手が巻き返すのか、今後の動向にも注目である。

常磐線とほぼ並行して走るTXは、茨城県が総力を挙げて東京駅への乗り入れを実現させようとしている。これが実現すればＴＸの優位性はさらに増し、守谷と取手の差がますます広がっていくのは間違いない。

ちなみに、ＴＸと常磐線の賃料水準を比べると、ＴＸの方が高い傾向にある。ＴＸの駅には開発の余地がたくさんあり、また柏の葉キャンパス駅や流山おおたかの森駅といった新興住宅地の勢いも増している。ＴＸが開通する前の流山は、常磐線の駅がない「取り残された場所」だったが、現在は子育てしやすい街をアピールし、子育て世代の取り込みに成功している。茨城県の悲願であるＴＸの東京駅乗り入れが実現すれば、常磐線から盟主の座を奪い取るかもしれない。

ピックアップ路線

京成本線（京成上野駅―成田空港駅　路線距離69・3㎞　42駅）

ＪＲ京葉線（東京駅―蘇我駅　路線距離43・0㎞　18駅）

京成線の賃料水準は23区でも一、二を争う安さ

都心から千葉方面に走る路線は京成本線、ＪＲ総武線、ＪＲ京葉線、東京メトロ東西線、北総

鉄道、都営新宿線がある。その中で大動脈となっているのが総武快速線で、千葉方面から秋葉原、新宿、吉祥寺までダイレクトに行くことができる。

　都心寄りで拠点性が高い錦糸町は繁華街として栄えているが、東京の西側に住んでいる人から見るとイマイチなじみが薄い。亀戸や新小岩も似たような傾向があり、この辺にも東西の〝壁〟が感じられる。

　千葉県内では、都営新宿線の始発駅である本八幡駅の賃料水準が高い。都営新宿線は都心部を横切って新宿までダイレクトにつなぐので、通勤には便利な路線である。駅前にはタワーマンションが建ち並ぶほか、京成線の国府台駅から市川真間駅、菅野駅にかけての地域は閑静な住宅地としても知られている。

　本八幡は千葉県市川市にある駅だが、総武線には市川駅も存在する。一見、市の名を冠した市川駅のほうが栄えていそうだが、市役所など主要な施設がすべて本八幡にあるので、格差がどんどん広がっている。ただし、東京駅や新宿駅へ乗り換えなしで行ける総武線快速は、本八幡駅ではなく市川駅に停車する。「本八幡駅にも停まってほしい」という要望もあるが、停車ホームの問題もあって実現は難しい。

　ＪＲ武蔵野線や京葉線との連絡駅で、東西線の終着駅である西船橋駅も拠点性が高い駅だが、総武線快速は停車しない。京成西船駅とは少し距離があるが、それでも徒歩5〜10分で行くこと

京葉線のおもな駅の平均賃料

駅名	60㎡換算（円）
八丁堀	210,000
越中島	164,000
潮見	133,000
葛西臨海公園	143,000
舞浜	119,000
★新浦安	132,000
南船橋	117,000
新習志野	98,000
海浜幕張	122,000
検見川浜	96,000
稲毛海岸	116,000
千葉みなと	114,000
蘇我	104,000

（HOME'S総研駅別賃料データによる）
※駅徒歩10分以内、築年数20年以下。

ができる。一方、隣の船橋駅には総武線快速が停車するが、地権者が多いこともあり、権利交渉がはかどらず再開発はあまり進んでいない。拠点性があって街のポテンシャルも高いが、それを活かし切れていない印象がある。

そして船橋の先にある幕張エリアの賃料水準はそれほど高くないが、駅周辺のタワーマンションでは高額賃料が発生している。イオンモールやアウトレット、シネコンといった商業施設が揃っており、都心への通勤は時間がかかるが生活は便利な地域だ。

ＪＲ京葉線も幕張地域を通る路線だが、海沿いを走っているので賃貸物件は少ない。その中で住宅地として発展しているのが新浦安駅で、駅周辺にはタワーマンションが多く建ち並ぶ。強風で電車が時々停まるのがマイナスポイントだが、都心までの通勤が便利なこと、市内に東京ディズニーリゾートがあることから

京成本線のおもな駅の平均賃料

駅名	60㎡換算（円）
京成上野	185,000
日暮里	179,000
千住大橋	136,000
堀切菖蒲園	126,000
青砥	120,000
京成高砂	114,000
京成小岩	121,000
江戸川	117,000
市川真間	134,000
菅野	107,000
京成八幡	120,000
東中山	101,000
★京成西船	134,000

駅名	60㎡換算（円）
京成船橋	135,000
船橋競馬場	111,000
京成津田沼	99,000
京成大久保	95,000
八千代台	81,000
京成大和田	80,000
勝田台	83,000
志津	76,000
京成臼井	77,000
京成佐倉	71,000
京成酒々井	74,000
公津の杜	90,000
京成成田	66,000

（HOME'S総研駅別賃料データによる）※駅徒歩10分以内、築年数20年以下。

人気を集め、市の人口は40年前と比べて5倍以上になっている。

だが市の7割以上を埋め立て地が占めることから地盤が弱く、２０１１年の東日本大震災では液状化の被害に見舞われた。被害が大きかった地区の賃料は３〜４割もダウンし、新興住宅地の弱点がさらけ出されてしまった。地域の安全性が確保されたわけではないが、それでも便利な場所であることに変わりはなく、賃料水準も現在は元の価格に戻りつつある。

東京ディズニーリゾートの恩恵も受けて発展している京葉線だが、元々誘致に熱心だったのは京成だった。だが京成沿線には建設できず、頑張った割にはそれほど恩恵が受けられていない。

京成上野駅から成田方面へ向かう京成本線は、営業距離の割には駅数が多い。堀切菖蒲園駅から江戸川駅にかけては賃料水準が低く、東京23区でも一、二を争うほど安いエリアである。普通、賃料が安いのは借り手にとって良いことなのだが、京成沿線は低地エリアで地盤が弱く、安全性に不安がある。そういった事情もあってか、住んでいる人たちの所得水準も低く、分譲マンションも多くない。そのため、沿線格差が顕著に表れている地域ともいえる。

執筆者紹介

第１章、第２章

小川裕夫（おがわ・ひろお）

1977年静岡市生まれ。大学卒業後、行政誌編集者を経て、フリーランスライター・カメラマン。2009年には、総理大臣官邸記者会見に史上初のフリーランスのカメラマンとして参加。専門は鉄道のほか、地方自治。主な著書に『鉄道王たちの近現代史』（イースト新書）『都電跡を歩く』（祥伝社新書）『封印された東京の謎』（彩図社）など。

小林拓矢（こばやし・たくや）

1979年山梨県甲府市生まれ。フリーライター。早稲田大学教育学部社会科社会科学専修卒。大学時代は鉄道研究会に在籍。著書『早大を出た僕が入った3つの企業は、すべてブラックでした』（講談社）。共著『週末鉄道旅行』（宝島社新書）など。雑誌やムック、ニュースサイト記事多数。

佐藤 充（さとう・みつる）

大手鉄道会社の元社員。現在はＩＴ企業に勤めながら、ライターとしても活動している。著書に『鉄道業界のウラ話』『誰も語りたがらない鉄道の裏面史』（彩図社）、寄稿・執筆に『徹底解析!！JR東海＆東海3県の鉄道会社』などがある。サイト「鉄道業界の裏舞台」（http://railman.seesaa.net/）を運営。

第３章、第４章

常井宏平（とこい・こうへい）

茨城県笠間市出身。中央大学卒業後、出版業界へ。編集・ライティングを担当したものに『2020東京・首都圏未来予想図』（別冊宝島）など。HOME'Sでの賃料相場をウオッチングしながら、コスパに優れた駅や地域を日々探究している。

著者略歴

首都圏鉄道路線研究会

東京の鉄道路線を中心に各種統計データなどを駆使して、鉄道がもたらす様々な効果効用を日夜研究している。属性としては「鉄ちゃん」でもあり、三度の飯より鉄道をこよなく愛する。「路線の格付け」は確かに存在するが、いかなる路線であってもそこに乗客がいる限り、それを愉しみ愛でる観点を忘れない。

SB新書　354

沿線格差《えんせんかくさ》

首都圏鉄道路線《しゅとけんてつどうろせん》の知《し》られざる通信簿《つうしんぼ》

2016年８月15日　初版第１刷発行

著　　者　首都圏鉄道路線研究会《しゅとけんてつどうろせんけんきゅうかい》

発 行 者　小川 淳

発 行 所　ＳＢクリエイティブ株式会社
〒106-0032　東京都港区六本木2-4-5
電話：03-5549-1201（営業部）

装　　幀　長坂勇司（nagasaka design）

組　　版　株式会社ループスプロダクション

編集協力　株式会社ループスプロダクション

編集担当　依田弘作

イラスト　ＡＲＭＺ

印刷·製本　大日本印刷株式会社

落丁本、乱丁本は小社営業部にてお取替えいたします。定価はカバーに記載されております。本書の内容に関するご質問等は、小社学芸書籍編集部まで必ず書面にてご連絡いただきますようお願いいたします。

ISBN 978-4-7973-8865-7